歴史探偵 近代史をゆく

半藤一利

PHP文庫

○本表紙図柄＝ロゼッタ・ストーン（大英博物館蔵）
○本表紙デザイン＋紋章＝上田晃郷

歴史探偵　近代史をゆく

目次

第一章　遺書と恋文と極秘書簡

第二章　言葉のウラに歴史あり

第三章　戦時期の作家たち

第四章　口が過ぎた人びと

第五章　戦時外交の決断と誤断

第六章 時代と戦う庶民たち

第七章 事件、事件、また事件

第八章　原爆と敗戦下

第一章

遺書と恋文と極秘書簡

佐久間艇長の遺書と夏目漱石

第六号潜水艇の沈没

日露戦争も終わった明治四十年、日本海軍は二隻の潜水艇を国産で建造した。海軍大尉佐久間勉が、そのうちの一隻である第六号潜水艇長に補せられたのは、翌四十一年である。この新鋭艇は全長二十二・五メートル、排水量五十七トン、水上速力八ノット、水中速力三ノット、魚雷発射管一門という幼稚で貧弱な性能。その鈍重の速力から「ドン亀」とよばれた。しかし、国産という期待と誇りとをになっていた。

明治四十三年四月十五日、新湊《しんみなと》を出航、訓練をしながら呉へ帰投する予定の「ドン亀」第六号艇は、艇長の号令のもと、ガソリン潜航に移った。艇体を半分沈め、一部を水上に出したまま航行する潜航方法で、スピードアップと電力節減に有効であった。ところが艇はそのまま潜航し、やがてすべてが海面下に没してしまう（午前十時十二分）。しかも浮上予定時刻が過ぎても姿を現さなかった。午前十一時三十分、異変発生かと潜水母艇から呉の基地へ無線が発せられ、懸命の捜索救助活動が始まった。

新湊から南南東一浬《かいり》、水深十尋《ひろ》の瀬戸内の海底に、第六号艇が身を横たえているのが発見されたのは、翌十六日の朝まだきである。もはや一名の生存者も期待できなかったが、引き揚げ作業が始まり、翌十七日午前十時になって第六号艇のハッチが開けられた。

痛ましい思いで真っさきに艇内に入った人がみたものは、艇長はじめ十四名の乗組員がそれぞれの部署についたまま、最後まで本分をつくし絶息死している姿であった。狼狽や混乱のあとはどこにもみられなかった。そして司令塔の隅の机上からは、水を吸ってふくらんだ手帳が発見された。闇黒《あんこく》にとざされ、死の恐怖と戦いながら、部下は艇長を信頼し、艇長もまた危急の間に沈着冷静に何とか浮上させようと努力したさまが、その記述からうかがわれた。

「小官ノ不注意ニヨリ陛下ノ艇ヲ沈メ部下ヲ殺ス、誠ニ申訳無シ、サレド艇員一《マ》一《マ》同死ニ至ルマデ皆ヨク　ソノ職ヲ守リ沈着ニ事ヲ処セリ、我レ等ハ国家ノ為メ職ニ斃《たお》レシト雖《いえど》モ唯々遺憾トスル所ハ天下ノ士ハ之ヲ誤リ　以《もっ》テ将来潜水艇ノ発展ニ打撃ヲ与フルニ至ラザルヤヲ憂フルニアリ、……余ハ常ニ潜水艇員ハ沈着細心ノ注意ヲ要スルト共ニ大胆ニ行動セザレバ　ソノ発展ヲ望ムベカラズ、細心ノ余リ畏縮セザラン事ヲ戒メタリ、……」

最後の一行まで、佐久間艇長は呼吸困難と戦いながら、海底で、沈没の原因・その後の処置・潜水艦の将来などを、鉛筆で書き残していた。最後のほうで字が大きく乱れているのがだれの目にも痛ましかった。この遺書は、四月二十日に国民にも発表され、日露戦後の勝利の美酒に酔い痴れ、華美に流れきっていた人びとの心を痛撃した。

以上、歴史好きの探偵らしく長々と書いた。ここで夏目漱石の登場となる。

漱石の主張の力点

この事故のあったとき、漱石は小説『門』を執筆中であった。しかし、胃腸の具合がひどく悪く、渋い文章というより、『門』が必要以上に陰気な、息切れに似たものを感じさせる小説となって、悪戦苦闘していた。「身体の具合あしく書くのが難儀にて困り候。早く片付けて休養いたしたく……」（皆川正禧《まさき》あて、五月十一日付）という状況では、とても六号潜水艇の沈没に深い関心をいだけるとは思えない。

『門』脱稿（六月五日とされる）後に、検査をうけ胃潰瘍の疑いで六月十八日に入院加療となる。ちなみに幸徳秋水、菅野すがが逮捕されたことの新聞発表は六月三日、「大逆事件」にかんする概略の新聞発表があったのが六月五日、『門』の最後は、漱石がその記事を読んでから筆をとったとされている。これが正しいとすると（いや、正しいらしいが）『門』のおしまいの宗助の言葉は至極意味深長に思えてくる。

「（お米がいう）『本当に有難《ありがた》いわね。ようやくのこと春になって』といって、晴れ晴れしい眉を張った。宗助は縁に出て長く延びた爪を剪《き》りながら、『うん、しかしまたじきに冬になるよ』と答えて、下を向いたまま鋏を動かしていた」

漱石には重苦しい時代への予感があったのか。

それはともかく、漱石は長与胃腸病院のベッドの上で、人から贈られて、佐久間艇長の遺書をそのまま写真版にしたものをはじめて目にした（この写真版の原本は水交社から五月十七日に発行された）。

「床の上でその名文を読み返して見て『文芸とヒロイック』という一文が書きたくなった」という。そして七月十九日にまさにそのタイトルで短い文章を東京朝日新聞に発表する。問題にしたいのはこのさきなのである。漱石先生の主張の力点は文芸（自然主義批判）にあるのか、ヒロイック（英雄的行為讃）にあるのか、わたくしはこれを読むたびにとまどっている。

なるほど、書き出しは漱石一流の軽妙さである。

「自然主義という言葉とヒロイックと云う文字は、仙台平《ひら》の袴と唐桟《とうざん》の前掛けのようにかけ離れたものである。従って自然主義を口にする人はヒロイックを描かない。実際そんな形容のつく行為は二十世紀には無いはずだと頭から極《きめ》てかかっている。もっともである」

だれだってこれでは文芸論と理解してしまう。それで定説は、日本文壇の覇を制しようとする自然主義作家にたいする反撃の声、つまりこの一文は文芸論に主点あり、とされている。岩波文庫でも「文明論集」でなくて、「文芸論集」のほうに入っている。

それに異存はないものの、艇長の遺書がいかに感動的であるか、艇員たちの最後の勇気と努力がいかに立派であったか、それはいまの軽薄に流れていく日本人の失いつつあるものと漱石は思った。そしてそれによって病床の漱石がいかに元気づけられたか、そっちの観点のほうが大事じゃないか、と主張したくなってくる。

時流に対する勇気ある発言

「往事、英国の潜航艇に同様不幸の事のあった時、艇員は争って死を免《まぬか》れんとするの一念から、一所にかたまって水明りの洩れる窓の下に折り重なったまま死んでいたという。本能の如何《いか》に義務心より強いかを証明する……」。つまりは、人間の現実はあさましい本能しかなく、ほかは嘘だとする自然主義作家は「佐久間艇長とその部下の死と、艇長の遺書を見る必要がある」と漱石は説ききたって、こう結んだ。

「重荷を担《にの》うて遠きを行く獣類と選ぶところなき現代的の人間にも、またこの種不可思議の行為があるという事を知る必要がある」

明治四十三年ごろの日本の社会的風潮を考えるとき、世界列強に伍する繁栄にいくらかの幻滅をおぼえつつも、なお人びとは「成功」の二字を追い求めるべき標語としていた。

「世は名門を謳歌する。世は富豪を謳歌する。世は博士、学士迄をも謳歌する。然し公正な人格に逢うて、位地を無にし、金銭を無にし、もしくはその学力、才芸を無にして、人格そのものを尊敬する事を解して居《お》らん」「人間の根本義たる人格に批判の標準を置かずして、その上皮たる附属物を以《もつ》てすべてを律しようとする」と漱石が『野分』で書くように、世にはびこるのは我利我利の亡者と、利害損得の打算ばかりで、成金が世間の耳目を一手に集めていた。義務に殉ずる人間の美徳などを好まぬ風であり、壮烈（ヒロイック）な行為を称賛するより、冷笑するの易きを喜ぶ風なのである。

そのときにあっての漱石のこの一文は、そんな時流にたいする勇気ある発言なのである。文芸論なんかではなく、むしろ明治文明論である。と、そう断じることが、歴史好きのものの見方というやつなのである。

およそ自分に直接に関係のないことなんか日記に書かなくなった森鷗外が、同年七月二十一日のそれに、

「朝日新聞に夏目漱石時分評を草しはじむ」

と珍しく記した。「時文評」すなわち文明批評と正しくとらえ、鷗外も漱石の文に強く同感するものがあったのであろう。自然主義作家への漱石の激烈な筆法にたいするそれでなく、軍医森林太郎としては、沈着冷静そして、従容《しょうよう》たる武人たちの死に、「英雄」の名を冠してもいいものを感じたからにちがいない。まさにヒロイックなものに森鷗外も感動したと考えられる。その事実を漱石がさきに発表してしまった。またしても後れをとった鷗外は、漱石にたいしてこのときも「技癢《ぎよう》」（もどかしくて腕がむずむずすること）を感じないわけにはいかなかったのではあるまいか。

秋山参謀の極秘書簡の中身

作戦の神様

世界に誇る日本海軍の名参謀といえば、だれもが日露戦争における秋山真之《さねゆき》に指を屈する。司馬遼太郎氏が『坂の上の雲』で称揚してからは、もうゆるがすべからざる〝天才〟作戦家になっている。そしてまた、当時の上司であった島村速雄少将（のち元帥）が、そのことを言葉をつくして保証している。

「私は、日露戦争では、開戦から旅順陥落まで連合艦隊参謀長をつとめました。……何にしましても、日露戦争の艦隊作戦は、ことごとく秋山真之がやったもので、旅順口外の奇襲戦、仁川《じんせん》沖海戦、三次にわたる旅順口閉塞、陸軍の大輪送、ついで日本海海戦にいたるまでの作戦とその遂行は、すべて秋山の頭から出、かれの筆によって立案されたもので、その立案されたものは、ほとんど常に即座に連合艦隊司令長官の東郷平八郎大将の承認を得たのであります。

日露戦争における海上作戦は、すべてかれの頭脳から出たものであります。かれが前述の作戦を通じて、さまざまに錯雑してくる状況を、その都度その都度、総合統一してゆく才能にいたっては、真《まこと》に驚くべきものがありました。かれは、その頭に、こんこんとして湧いて尽きざる天才の泉というものを持っていたのです……」

ここに語られているように、秋山が一種の天才であったことは、わたくしもまた、間違いないように思っている。〝作戦の神様〟といった異名にふさわしい戦略・戦術観をもつ軍人であり、かれの頭脳が日露戦争全体をとおして日本海軍にめざましいほどの勝利をもたらした、と評してもいいであろう。

と、まずは定説をなぞって秋山参謀を褒めたたえたわけであるが、以下に、いささか秋山贔屓《びいき》の人たちの意に反するようなことを書く。以前にもわたくしは、バルチック艦隊迎撃の対馬海峡待機をめぐって、秋山参謀の神才否定論みたいなものを書いて、海軍好きの人びとからいっせいに総スカンを食ったことがある。今回もまた、それを覚悟し、いくらかへっぴり腰ながら、歴史探偵としてはやっぱり職務に忠実ならんとするのである。

というのも、つい先日、ひょんなことからいままで紹介されることがなかった（と思われる）秋山真之の極秘の書簡集をみる機会をえた。それが至極面白かった。なるほど、この人はほんとうに卓越した戦略・戦術家であるな、と感服させられ、その戦術眼たるやなまじっかの勉強や努力や訓練からうまれるものではない。と思わされつつも、実は、ちょっと待てよ、とその書簡を読みつつ、妙な気分にさせられたのである。

つまりは〝天才〟だの〝神様〟といったところで所詮は人間。必要な情報を与えられなければ、間違うことがある。それが当然で、その蔽い隠してはならぬ肝心のところをわたくしは読みとった、といったらいいか。

旅順艦隊撃滅への期待

さて、その書簡であるが、題して「第三軍第三回総攻撃中止後、標高二〇三メートル高地奪取ニ関シ、聯合艦隊参謀海軍中佐秋山真之ヨリ第三軍随従ノ海軍中佐岩村団次郎ニ送リタル書簡」という。そしてこれは、太平洋戦争後に焼却されてわずかに一部が皇居内に残っているといわれる超貴重な『極秘・明治三十七、三十八年海戦』のなか、第一部巻九の備考文書第四十二号として収録されている。本文だって前後数十巻におよぶ膨大な記録やら報告である。いま防衛庁戦史部に写しがあるが、あまり全部に目を通した人がいない。ましてやこっちは備考文書であるから、そうと知らなければついつい視線をつぎへとばしてしまう。

わたくしだって、注意されなければ素通りするところであった。そうと知らされて読み直してみて、思わず〝これはこれはとばかり秋山の紅葉《もみじ》かな〟と下手な句を詠じ、大いに唸った次第であまり褒められた話ではない。

その書簡集は、乃木希典《のぎまれすけ》大将率いる第三軍が旅順要塞にたいする第三回の総攻撃に失敗した明治三十七年十一月二十六日の翌日である二十七日にはじまり、ついに二〇三高地を攻略した十二月六日まで、実に十日間、秋山が一日たりとも休まずに毎日書き送ったものである。あて先はすべて第三軍に海軍から派遣されていた岩村参謀。それはまあ、連合艦隊司令部としては、この時期は、ロシアの旅順艦隊を黄海海戦（八月十日）で港内に封じこめ、ウラジオ艦隊を撃破（八月十四日）して、どうやらひと息ついていたころ。とはいえ、よくもまあ毎日激務のかたわらに書いたものよと、秋山の真面目さには感嘆せざるをえない。

しかも恐らく原文は毛筆なのであろう。ペンでさらさらという具合にはいかない。定評の名文家からして、文章を書くのが好きであったとしても、その丹念さ周到さにはやっぱりびっくりさせられる。

全内容は原稿用紙にすれば四百字詰め五十枚にも及ぼうか。とても全部を書き写すわけにはいかないし、探偵の調査報告としては、むしろ要点を示せば足るというものである。それに興味深いところを示すことのほうが大事かとも思う。欲の深い人には、直接に原文に当たってもらうほかはない。

以下、少しく読みやすくして要所の引用をはじめるが、原文は片カナ、旧カナ、旧漢字である、念のため。

「今回の不成果に因《よ》り決して絶望致さず。来年十五日頃までに旅順艦隊の内、戦艦三隻片付くを確実に認知するを得ば、それにて満足可致《いたすべし》。若《も》し之が出来ざれば由由敷《ゆゆしき》大事なり。何《いず》れ失わざるべからざる同胞の身血なれば、此の際思切って連続二〇三高地に向い全力をここに専注せらるること至極必要と存候」

これが十一月二十七日付の第一の手紙。もっともこの前から秋山は岩村へ手紙を送り届けていたものらしい。この手紙の書きだしでそれが察せられる。ただしそっちのほうは残っていない。いずれにせよ、港内に身をひそめ、バルチック艦隊の来航のときを期している旅順艦隊の戦艦群のことを、秋山がひどく心配しているのがよくわかる。

それにしても「何れ失わざるべからざる同胞の身血」とは思いきって書いている。それくらい戦争をのるかそるかのものと、当時の軍人は考えていたのであろう。もっとも、いずれ死ぬべきほうに当の自分が入っているのか、いないのか。なかなかに微妙ではある。

なお、書かでものことと思うが、乃木第三軍の総攻撃の重なる失敗は、近代要塞正面にたいして前近代的な銃剣突撃によるという愚策のためであった。しかし、乃木に与えられた命令は、旅順要塞攻略であったのである。そこで東郷長官以下の連合艦隊首脳が旅順に赴き、第三軍首脳と会い、真に希求する攻撃目的は要塞攻略にあらず港内の旅順艦隊の撃滅にあることを力説した。その結果もあり、大本営からの指示もあり、第三次総攻撃失敗のあと第三軍は、攻撃の重点を鉄壁の要塞正面ではなく、二〇三高地に移すという作戦変更を行ったのである。それが十一月二十七日のことであった。

「実に二〇三高地の占領如何は、大局より打算して、帝国の存亡に関係し候えば是非決行を望む。察するに敵が斯く迄《か》も頑固に死守するだけ彼等にとりて旅順の価値が貴重にして、敵にも旅順の存亡が国家の存亡に関するものにて、バ艦隊来るも旅順艦隊あらざる時は、我に対し勝算ある攻撃を取ること能わざればなり。之を以て観るときは、旅順の攻撃に四、五万の勇士を損するも左程大なる犠牲にあらず。彼我ともに国家存亡の関する所なればなり」

十一月三十日付。秋山は、とにもかくにも旅順艦隊を潰滅することこそが、日露戦争の天王山と考えていた、とみてとれる。そのための二〇三高地攻略である。バルチック艦隊だけならば、こっちに分《ぶ》ありとみているところもなかなかに面白い。バルチック艦隊は十月十五日、バルト海のリバウ港を出撃し太平洋に向かっていた。

またこの十一月三十日には、第三軍は新鋭の第七師団を二〇三高地攻撃に投入し、激戦ののちやっとその一角を占領することに成功する。しかし、翌十二月一日、二〇三高地の占領地はロシア軍の反撃により奪回された。そして同日、満洲軍総参謀長児玉源太郎が第三軍司令部に到着、実質的に二〇三高地攻略の指揮をとることになった。

「先々便にて申上候ごとく、二〇三高地は旅順の天王山と云うよりは日露戦争の天王山なれば、敵が死力を尽して回復を計ること当然にて、旅順も二〇三のために陥落し、露国も二〇三のため敗滅せんこと、小生予言するを憚らざるところに御座候」

十二月二日付。いかがであろう。あっぱれな秋山の戦略観というほかはないではないか。二〇三高地を陥落させれば日本の勝利は約束される、との予言は、秋山の非凡さをそのままに語っている。

おそらく、攻略の全責を負っていた第三軍司令部の参謀たちのだれひとりとして、この先見をもったものはいなかったことであろう。児玉源太郎がわざわざ指揮せんために旅順に赴いたのは、ここが戦争の天王山との、秋山と同じ観点に立っていたためかと思われる。

「若《も》し今日より延引すれば敵は又々防禦工事を増加し、更に数万の勇士を失わざれば攻略到底見込無之《これなし》、この数日間に攻略出来ざれば取りも直さず永久に出来ざることと可相成《あいなるべし》。旅順陥落せず旅順艦隊残存せば、最早《もはや》大局の勝算相立不申《あいたちもうさず》、何卒刻下第三軍の内情を精密に観察せられ、現下当艦隊にて為し得べきことは断然決行可致《いたすべく》に付《つき》、忌憚《きたん》なく御中越被下度《くだされたし》」

十二月三日付。二〇三高地攻略戦もいよいよ大詰めである。実質上の指揮官の児玉は、重砲陣地の位置変更を命令し、その猛砲撃をすべて二〇三高地に集中することにした。砲撃開始は二日の午後である。秋山の耳にはまだその情報が達しなかったとみえる。しきりにやきもきと気をもんで、連合艦隊としてできることならなんでもやる、と真情を吐露している。〝作戦の神様〟の人間らしさの垣間見られるところも興味深い。

「海軍の見地より言えば、旅順の敵艦隊だに片付けば、要塞は陥落せざるも来年五、六月迄現状維持ままにて左程《さほど》苦痛を感ぜず。蓋《けだ》し旅順の残艦隊滅亡するときは、独り旅順の価値を無くするのみならず、バ艦隊も旅順艦隊の合同を得るにあらざれば、我に対し十分の優位位置に立つ能わず。従って攻勢を取るの余力無く海上を制圧するの望《のぞみ》もなし。況《いわん》や我は十分の自信ありて、バ艦隊だけなれば、見事に撃滅せんとの勝算あるに於てをや」

十二月四日付。この手紙は、秋山が胸中の自信を語って、バルチック艦隊だけなら見事に撃滅してみせる、と壮語しているところがまことに痛快である。そのためにも旅順残存艦隊の撃滅が第一の条件、と第三軍の奮戦に満腔《まんこう》の期待をかけているわけである。

バルチック艦隊だけであれば、「攻勢を取るの余力無く」には、いかに海戦においてはイニシアチブをとることが肝要か、秋山の戦術観がおのずと浮かびでている。そしてこの考え方が、日本海軍が得意とする先制攻撃の基盤となるのである。

ところで、秋山の私信をうけとった岩村参謀は、ゆっくりとこの十二月四日付の手紙を読んでいるわけにはいかなかったことであろう。重砲陣の猛攻撃につづいて、元気いっぱいの第七師団を中心にする歩兵の挺身突撃により、十二月五日の午後に、二〇三高地の完全占領が成ったからである。あっけにとられるほどに、あざやかな勝利の報が、第三軍司令部を有頂天にさせた。そこで岩村参謀は心をこめてその報告を、秋山参謀へも送ったものと思われる。

十二月六日付の秋山の手紙の文面は、さすがに喜びで躍っている。

「本日午前中より捷報続々到着。一同欣喜《きんき》雀躍《じやくやく》仕《つかまつ》り、長官閣下にも久し振りにて我々に笑顔を見せられ候」

東郷長官が笑顔をみせたのが久し振りとは。もって連合艦隊がいかに戦勢の成りゆきを憂慮していたかが知れる。

二〇三高地が落ちてみれば

さて、こうして十日間連続の秋山の私信を読んで、いちばんに感じられたことは、なによりも、旅順艦隊を潰すための手段として、二〇三高地を攻略することが日露戦争の天王山である、としたかれの信念というものであった。その確固不抜さである。そして、それは、その後の戦争の経過から照らして、間違ってはいなかったのである。

しかしながら、である。問題はそのさきにあった。なぜなら歴史というものは、皮肉な事実をつねに用意するものであるからである。後の世の歴史探偵としてわたくしは、二〇三高地の攻略なくして旅順艦隊がすでに潰滅していた〝事実〟を知っているのである。その当時の〝天才〟秋山参謀はそれを知らなかった。それゆえに「四、五万の勇士を損するも左程大なる犠牲にあらず」といい、心底からやきもきして手紙で督戦した。第三軍に直接いうことは作戦干渉になるから、連絡参謀として派遣されていた岩村への私信の形をとった。しかし、督戦ということからいえば、姿変われど内実はまさにそれ以外のなにものでもなかった。

ここで〝事実〟に戻れば……有名な大口径火砲たる二十八センチ榴弾砲計十八門からの砲弾が、旅順をとりまく山を越えて、港内に待避中の残存艦隊の真ん中に、九月から十月にかけてどかどかと落下していたのである。

その戦果――九月二十八日から十月十八日までに、敵戦艦の残存五隻はすべて巨弾の命中をうけて炎上、甚大な被害をうけていた。捕虜になった水兵の証言によれば、つぎの如くであったという。

「ロシア太平洋艦隊は今や日本軍の巨砲による制圧を受けて以来、火災による爆発を恐れてまず最初に弾薬・火薬類のいっさいを撤去、つづいて水兵の避難上陸をしていたが、その後は火砲も撤去できるものは全部これを陸上要塞砲に転用し、また水兵の主力も陸戦隊に編成されて、陸軍の補充用にあてられている」（島《しま》貫重節《ぬきしげよし》著『戦略・日露戦争』より）

日本軍は東京湾などの海岸要塞からとりはずし、この巨砲を大骨折って運んでめて、実戦で使ってみた。攻めあぐんでいる敵要塞の鉄とベトンを破摧《はさい》するために有効、と考えられたからである。およそこんなにでっかい火砲を陸戦に使用した先例はなく、世界史上はじめてであった。せっかくそうまでし、どかどかと撃ち込みながら、この二十八センチ巨砲のあげた戦果の正確なところは、ついに大本営にも乃木第三軍にもとどいていなかったという。ましてや連合艦隊においてをや。

二〇三高地が占領され、そこに立ってみれば、たしかに旅順港内の残存艦隊を狙い撃ちにするのには、絶好の高さであった。そのために悪戦苦闘をつづけたのである。秋山も必死に督戦したのである。しかし、事実は、秋山が期待していた「戦艦三隻片付くを確実に認知するを得ば」どころではなく、湾内にあるのはすでに砲をとりはずし、水兵の乗っていない〝海上に浮かぶ鉄屑〟ばかりであったのである。日本軍はこれを、外形は軍艦であるによって、二〇三高地攻略後に砲弾をぶち込み、しらみ潰しに撃沈した。秋山の期待はこうして完全に満足させられた。

第三軍の死者二万人、重傷重病者六万人、参加兵力は累計して約十五万人であったから、その半数以上の死傷者とは、まさしく戦史にも稀な激戦であったことがわかる。

児玉総参謀長の陣頭指揮といい、乃木司令部の無能ぶりといい、なお疑問の部分の多い旅順攻略戦であるが、二〇三高地重点志向にかんするかぎり、乃木第三軍にたいして連合艦隊からの強い要請のあったことは疑えない。秋山のこの極秘の書簡集がそれを裏付けてくれる。

旅順残存艦隊の存するかぎり、日本の勝算は確実とならず、それを潰すことこそ日露戦争の天王山、とみた秋山の戦略観は正しかった。ところがその旅順艦隊が、二〇三高地が攻撃重点になる以前に、すでにして浮かべる鉄屑であったとは⁉　いったい旅順攻略戦とは何であったのか。計画をたてる、あるいはことを成すことの根底には正確なる情報が必要であることを、〝天才〟秋山参謀の書簡集はいみじくも教えてくれる。

山本五十六の恋文の行方

軍神も人間だった

昭和二十九年四月十八日号の『週刊朝日』で〝山本元帥の愛人――軍神も人間だった〟と題して公開されていらい、連合艦隊司令長官山本五十《い》六《そろく》大将の〝愛人〟のことは、つとに周知のこととなった。つづいて阿川弘之氏の『山本五十六』（新潮文庫）がよりくわしくこのことにふれ、ついでにもうひとり佐世保にもいた愛人鶴島正子さんのことも紹介し、山本長官の初老の艶福はいよいよ有名なものとなる。

この〝愛人〟は改めて書くまでもなく、新潟出身の元新橋芸者「梅龍」こと河合千代子である。阿川さんの著書が、山本と梅龍のなれそめについては調査十分に書いている。なかで、昭和九年九月、山本がロンドンの軍縮予備交渉に海軍の首席代表として出発する直前に、二人の仲は「急に深くなった」と書かれている。

　これをよりくわしく語れば――それには当の梅龍の証言に耳を傾けたほうがい
い。

「お兄さん（彼女は山本のことを最後までこう呼んだ）と初めて会ったのが昭和五年、私が二十六歳のときです。何かの送別会だったと思います。威張ってむっつりとしているので、しゃくにさわって誘惑しようときめました。ところが、何回か顔を合わせているうちに、私の方が参ってしまいました。お兄さんは、『金がないから援助はできない、妹としてつき合ってください』と言いました。ロンドン会議へ発つ前夜結ばれました。そのあと、『妹に手をつけて済まぬ』と畳に手をついて詫びました。それか《ママ》ら戦死するまで十三年間愛人関係にあり、妹のように可愛がってくれました」

　この、なんとも貴重な（？）証言をひきだしたのは、沼津在住の医師で、「沼津の文化を語る会」主宰の望月良夫先生である。望月先生にはあとでもういちどご登場願うことにして、さきに話をすすめると、山本は昭和九年九月二十日午後三時に、横浜から日本郵船北米航路の日枝丸でロンドンに向けて日本を離れたから、前夜といえば九月十九日ということになる。

結局、軍縮予備交渉は決裂し、不機嫌そうな顔で山本が東京へ戻ってきたのが、翌十年二月十二日。東京駅頭の人目を秘しての出迎えのなかには、〝妹〟から〝愛人〟にかわった梅龍の姿があった。あれいらい五カ月ぶりの対面ということになる。びっくりする以上に山本は心から嬉しく思ったにちがいない。なぜなら、という理由はあとで述べる。

純情な文面

さて、このあと十年五月一日付の、『週刊朝日』も阿川さんも引用している山本の書簡がある。これにはやっぱり注目せざるをえない。ずいぶん長いものだが、肝心なところを引用すればつぎのとおりである。

「あなたのあでやかに匂ふ姿を見るほど内心寂しさに耐へぬのです。どうぞ悪く思はんで下さい。倫敦《ロンドン》へゆくときは、これでも国家の興廃を双肩にになふ意気と覚悟をもってをりましたし、又あなたとの急速なる交渉の発展に対する興奮もありまして、血の燃ゆる思ひもしましたが、倫敦において全精神を傾倒した会議も、日を経るにしたがひ、世俗の一般はともかく、海軍部内の人々すら、これに対してあまりの無関心を装ふを見るとき、自分はただ道具に使はれたに過ぎぬやうな気がして、誠に不愉快であり、また自分のつまらなさも自覚し、実は東京に勤務してをるのが寂しくて寂しくて且《かつ》不愉快でたまらないのです。

実はあなたの力になってそれで孤独のあなたをなぐさめてあげたいと思って居った自分が、かへってあなたの懐《ふところ》ろに飛びこみたい気持なのですが、自分も一個の男子として、そんな弱い姿を見られるのは恥づかしくもあり、又あなたの信頼にそむく次第でもあると思って、ただ寂しさを感じるのです。

こんな自分の気持は、ただあなたにだけ今かうしてはじめて書くのですが、どうぞ誰にも話をなさらないで下さいね——」

阿川さんの言葉を借りれば、「齢《よわい》知命に達してどうして」これほどまで純情になれたのか、少なからずびっくりさせられる文面ではある。山本はぞっこん参っている。しかも当時の日本の、とくに海軍の情勢を知れば、このように〝不愉快〟かつ〝寂しさ〟でいっぱいの山本の心境が、同情をもって察せられるというものなのである。

山本の憂愁

くわしく書く場ではないので簡略にするが、昭和五年、ロンドン軍縮会議の五・五・三の比率の調印をめぐって、海軍部内は対英米強硬派（艦隊派）と対英米協調派（条約派）の二つに分裂し、以後長いこと部内派閥抗争がつづけられた。それが七年二月に軍令部総長に伏見宮がなり、八年一月に大角岑生《おおすみみねお》大将が海相の椅子に座ると同時に、一挙に決着がつけられてしまった。宮様の威光がはたらいて、いわゆる条約派といわれる提督たちの首はつぎつぎに飛ばされていくのである。

山梨勝之進（八年三月）、谷口尚真《なおみ》（八年九月）、左近司政三《さこんじせいぞう》（九年三月）、寺島健（同上）、坂野常善（九年十二月）、そして山本の親友の堀悌吉《ていきち》中将も坂野中将と同じときに予備役に編入された。ときに山本はロンドンで苦闘をつづけていたが、この悲報を聞いたとき、

「かくのごとき人事が行はるる今日の海軍に対し、之が救済の為努力するも到底むづかしと思はる。矢張山梨さんが言はれし如く、海軍自体の慢心に斃《たふ》るるの悲

境に一旦陥りたるのち、立直すの外なきにあらざるやを思はしむ」

と堀中将に書き送った手紙は、今日ではあまりに有名になっている。

しかも山本出発前の九年七月二日付の新聞の朝刊には、つぎのような記事が載っていた。

「聯合艦隊幹部連署の上申書提出

目下九州方面の海上において演習中の聯合艦隊では内外の時局に鑑《かんが》み、ことに明年の軍縮会議をひかえ、各艦長級六十名の連署をもって全員の意思を代表し、末次（信正）司令長官を通して、一両日前、伏見軍令部総長宮殿下をはじめ奉り、大角海相、最古参軍事参議官加藤（寛治）大将にあて、重大意味を有する上申書を提出した。

一、明年の軍縮会議に直面してわが国は、一日も早く既存条約から蟬脱《せんだつ》するため、もっとも早き機会においてワシントン条約の廃棄通告をなし、明年の軍縮会議においては、国防自主権の確保、軍備権の平等原則を樹立すべく、すみやかに強固統一ある対策の確立を望む。

二、この重大時局に善処するためには、一刻も早く国内の政局不安を一掃し、すみやかに国民の全幅的信頼を受け、公明にして強き政治を行いうる内閣の出現を切望する」

ここに唱えられているのは、軍を基幹とする強力政治断行の要望である。その最大目標は軍縮条約の廃棄である。軍縮条約の延長を各国と議するためにロンドンへ赴こうとしている山本が、これをどんな気持ちで読んだことか。しかも新聞によってリードされている世論は、ワシントン・ロンドン両条約の廃棄へと、国民的熱狂をもってまっしぐらに進んでいたのである。

山本自身が、愛人への手紙で「ただ道具に使はれたに過ぎぬ」と書くように、事実、かれのロンドン派遣は形式にすぎず、その予備交渉でのなんとか光明を見いだそうとの努力も、ひとり相撲でしかなかった。なぜなら、山本が孤軍奮闘していた十二月末には、ワシントン条約廃棄の通告を、日本は断々乎として英米に送っていたからである。

それればかりではなく、海軍部内の強硬派のあいだには、勢いに乗じて、この機会に条約派の山本五十六も馘《くび》にしてしまえという激しい動きがあった。帰国した山本はそれを知り、海軍にすっかり愛想をつかし、自分でもやめることを考えはじめた。

「俺は海軍をやめたら、モナコへ行って博打《ばくち》うちになる」

と、友人に漏らしたりした。その山本の退役の気持ちを極力慰撫したのが、親友の堀悌吉で、

「貴様が今やめたら、海軍はいったいどうなると思うんだ」

と、会うたびに叱咤《しった》激励をとばしていた。

昭和十年春から夏にかけての山本の憂愁とは、およそそのようなものであった。海軍省出仕兼軍令部出仕の職名で東京にあったが、仕事はなにもない。生涯でいちばん閑《ひま》な時間をまぎらせるようにして、山本はこの年しばしば郷里の長岡へ帰っている。爛漫《らんまん》たる桜の下、加治川の舟遊びで、大勢の人びとをびっくりさせたという舟の舳《へさき》での逆立ちの芸をみせたのも、この年の春の話である。

つまり、海軍にほんとうにおさらばするか、モナコへでも行ってしまおうか、と鬱々《うつうつ》として揺れるかれの心を、もっともよく慰めたものが郷里長岡の自然と風物であり、そして「あでやかに匂ふ」ホヤホヤの愛人の存在であったのである。

「齢知命」の五十一歳の山本にとっては、ちょっとした出来ごころでも、単なる

浮気でもなかった。絶望と憂悶の日々を送る男が、ただひとつ、すべてを忘れてとびこめる港が、梅龍という女性の懐であったといえようか。東京駅のプラットホームでそのなつかしい姿をみとめたとき、山本の青年のような純情な恋は、いっそう真剣一途なものとなったのであろう。

梅龍の談話

さて、その「山本元帥の愛人」河合千代子は、平成元年八月三日、沼津の自邸「せせらぎ荘」で、肺炎のために八十五歳の生涯を閉じたという。その懐には山本の遺髪がそっと入れられていた、とさきに紹介した望月良夫先生が書いている。彼女の死は、もはやニュースではなかったのであろう、それを活字にしたマスコミは「新潟日報」だけであったらしい。ただし阿川さんは胡蝶蘭と薔薇を送っている。

望月氏は同じ沼津に住む関係もあり、最晩年の彼女とつき合い、その信頼をえていくつかの談話をとっている。さきに引用したのもそのひとつ。昭和二十九年の『週刊朝日』での騒動いらい、マスコミとのかかわりを嫌った彼女の動静は、ときにちらほら聞こえてきた。が、ほとんどどうということのない話ばかり。まとまったものとしては望月先生が『沼声』(「沼津の文化を語る会」発行)に書いたものが唯一の記録ということになろうか。

実は、歴史探偵として大いに気になって、これを書こうと思い立ったのは、そのなかの彼女のつぎの談話なのである。

「お兄さんから手紙を数十通もらいました。……いま手許にあるのはたった二通です」

エッ、たったの二通、じゃ、ほかのはどこへ消えてしまったのか。これはなにもわたくしだけの驚きではなく、大抵の人がそう思うのではあるまいか。

「……私の厄を皆ひき受けて戦ってくれてゐる千代子に対しても、私は国家のため、最後の御奉公に精魂を傾けます。その上は——万事を放擲《ほうてき》して世の中から逃れてたった二人きりになりたいと思ひます。

二十九日にはこちらも早朝出撃して、三週間ばかり洋上に全軍を指揮します。多分あまり面白いことはないと思ひますが。今日は記念日だから、これから峠だよ。アバよ。くれぐれも大事にね。

うつし絵に口づけしつつ幾たびか
　千代子と呼びてけふも暮らしつ」

『週刊朝日』と阿川さんの本がともに紹介しているミッドウェイ作戦に出撃直前の、昭和十七年五月二十七日付の、連合艦隊司令長官のこの甘い、甘い、甘すぎる手紙はいったいどこのどなたが所有するのか。まさか、他人の恋文を額装して応接間などにかけておくほどの、酔狂な人はおるまいと思うのであるが……。

もちろん、他人のお宝にどうのこうのと難癖つけるほどのこっちは野暮ではない。どうなとご勝手に、である。げんに望月先生はその最後に残ったところの二通を、元気なころの彼女から贈呈されたようである。たった二通であろうと持ち主がはっきりしていることは、必要なときに拝見をお願いできるから、むしろ有難い。

たとえば望月先生が本邦初公開で紹介しているつぎの手紙は、読みながらある種の感慨を抱かざるをえないほどのものである。例によって肝心と思われるところを引用する。

「……私もことによったら今月は横須賀方面へ行き東京へ打ち合せに行くかもし

れぬと話したのでしたが、都合で必要がなくなり、従って当分上京の機会もなくなりました。それに此頃いろいろの事が世間や外国へまで漏れるので、艦隊の乗員や徴用船の船員の手紙など検閲すると、いろいろの軍機のことがかいてあるので、之では将来の作戦に不都合の事があってはいけないから、当分手紙は出さないことになったのでした。……」

末尾に「五月二十七日朝七時　五十六」とある。望月氏は、封筒には裏に山本五十六と署名のあるだけで、「切手・消印・検閲はない」と書いている。とすると、山本はミッドウェイ作戦出撃直前の昭和十七年五月二十七日には、愛人にあてて二通の手紙を書いていたことになる。大作戦を前になんとも司令長官どのは悠然たることであったことか。

しかも内容は「此頃いろいろの事が世間や外国へまで漏れ」と、勝利に驕《おご》ってたるみだした艦隊内部の事情のうかがえる不吉なものとなっている。そしてこの日、作戦の主力となる南雲忠一中将指揮の機動部隊がミッドウェイへ向けて広島湾を出撃した。

残っていた手紙

以上、望月先生の手記を借りて、「山本元帥の愛人」と恋文について書いてきたが、つぎの主題はその恋文のほうである。望月先生は、はっきりと晩年の彼女がもっていた恋文は二通だけと書いているし、その二通とも譲りうけたとも明言している。とすると、彼女が山本からもらったほかの手紙は……⁉

実は、昭和五十年のことである。わたくしは当時は週刊誌の編集長をしていて「戦後三十年」の特別企画〝戦後三面記事の英雄たち〟で、部下の記者に結婚して沼津にいる彼女の消息を取材させたことがあった。ひとつには、彼女がひそかに山本の手紙を売りに出した、という噂が流れていたからである。「買ったのは書画にくわしいマニアではなく成金らしい」「一通四十万円で売れたそうだ」などなど。

ところが、その噂にたいして、週刊誌上で彼女はきっぱりと否定していた。

「そんなハズはありませんよ。今の主人はそういうものを表に出すのがひどく嫌いですから、山本さんの手紙や、タオルケット、シーツ、箸箱などは、主人がブリキ罐に入れて針金で結《ゆわ》えてある。とても私一人で出せるものじゃありませんよ。主人は私がお経を上げるのさえ、イヤがるんですから」

記者は、しかも、その時に、そのブリキ罐を確認していたのである。

また、この記事には、山本戦死のあと海軍省から「全部焼却するよう」という命令があったが、とりわけ思い出深い十九通を残して、残りを焼いたという彼女の証言も記載されている。ブリキ罐のなかにはその十九通が閉じこめられていたのである。

しかし、それから二十余年——その死の直前には、ブリキ罐などはなく、わずか二通だけしか彼女の手もとには残っていなかった。あとの十七通は……?

彼女がこの世を去ったいま、それを尋ねることはかなわない。かつての日に、山本の寂しさをその懐に抱擁して慰めてやったように、あるいは山本の心のすべてを懐にして彼の待つ黄泉《よみ》へ彼女は旅立ったのか。あるいは生前に自分ひとりの想い出としすべてを煙にしてしまっていたのか。

山本贔屓《びいき》のわたくしとしては、どちらであれ、ひそかにそうであってほしいと願わないでもなかったのだが……。

ところが、である。最近、わたくしはこれまで未発表と思われる恋文の写しを手にいれた。ある人がある人から譲り受けたという、いわゆる書画骨董の取引と同様な説明つきで。「……というわけで、そのある人に頼んで特別に半藤さんにと思って」と、それをくれた友がいった。

わたくしは写しの山本の達筆な文字をみながら、ああ、やっぱり売りに出されていたんだと一瞬気を滅入らせたが、その恋文を一読して、とたんに胸を躍らせることとなった。歴史探偵としての性根は、悲しみや落胆などをたちまちに乗り越えて、すべてを喜びにかえてしまうらしい。

「早速に手紙ありがたふ

実は十三日に受取ったけれど　其後当方よりの通信は禁じて居るので、けふ十七日此手紙は書いても届くのは廿日過でしよふ。

千代子が、大ジョーブ？　といって心配して呉れた立上りの一撃は、天候に恵まれてどうやら予定通り出来ました。英国艦隊の方は先方が清正の鎗《やり》に自分でさゝりに来たのだから、問題ではない。

是でとにかく両国に第一撃宛を喰はしたのだから、何時爆弾に見舞はれても已《や》むを得ないといふ次第さ。それでも成る辺《べ》く当らない様にしてねえでしょふ　ハイ〳〵承知しました、ヨシヨシ。
山口から甘味を沢山に頂きました。どうぞ宜敷《ヨロシーク》と伝へて下さい。
梅野島御一同様の御声援も感謝いたしました。宮島の鹿もクークーだとさ。年末で急がしいでしょふ。風などひかぬ様、呉々も御大事に。中村精七郎氏にもよろしく。

十二月十七日　　　　五十六

世界中で一番心配したり喜んだりして呉れる千代子様」

そのあとに、真珠湾攻撃にさいしての和歌二首がそえられてある。

突撃の電波は耳を劈《つんざ》きぬ
三千里分《わかつ》布哇《ハワイ》の空も

ならびなき勲《いさお》樹てにし若人は
けふも帰らずあが胸は痛む

手紙の文面には、昭和十六年十二月の対米英戦争開戦直後の山本の感懐がよくでている。敵の爆弾に「当らない様にしてねえ」という彼女の言葉を想像して

「ハイ〳〵承知しました」と大仰におどけつつも、前途の容易ならざることの覚悟がにじみでている。

また「梅野島」とは、昭和十二年に妓籍をひいて彼女が経営していた料亭の名である。「宮島の鹿もクークー」には甘い追想がこめられている。十六年十一月の末、彼女は山本から招かれて広島県の安芸宮島に旅をした。山本は、開戦直前のあわただしさのなかで、彼女とのひそかな逢瀬を楽しんだ。二人で厳島神社を詣でたとき、子鹿が傍に寄ってきて「クークー」と鳴いた。「ヨシヨシ」と子鹿の頭をなでる彼女を見つめて、山本は静かに微笑んだ。そんなしんみりとした宮島の二日間があったのである。

ともあれ貴重な歴史的証言ともいえる書簡が、どうやら彼女の証言とは違ってすべて焼かれずに日本のどこかに何通か残ったことは、これでほぼ確実となったようである。

それにつけても思いだされることがある。世界海戦史上の英雄ネルソン提督とハミルトン夫人のラブ・ロマンスのことである。ネルソンの純情にたいするハミルトン夫人の多情さ、しかも最後にはネルソンの恋文を売りにだしたことで、世界中の顰蹙《ひんしゅく》を買った。わが山本提督もまた同じ寂しい道を歩んだのか、という情けない思いがやっぱり湧いてくる。

第二章　言葉のウラに歴史あり

乃木希典・「臣に死を賜りますよう」

明治天皇の写真

明治二十三年十月の教育勅語の発布から一年後の二十四年十一月十七日、文部大臣が一通の訓令を全国小中学校に発した。

「校舎ニハ天皇陛下、皇后陛下ノ御影《ぎょえい》並ニ教育ニ関シ下シタマヒタル勅語ノ謄本ハ校内一定ノ場所ヲ選ヒ最モ尊重ニ奉置セシムヘシ」（文部省訓令第四号）

これが昭和二十年八月までつづいていた小中学校の先生による宿直制度のはじまり。このことは拙著『続・漱石先生ぞな、もし』（文藝春秋刊）に書いた。ここにでてくる天皇・皇后の御影とは、戦前の日本人が御真影としてあがめ奉ったもののことで、明治時代には、軍服姿で背筋をピンとのばし、左手に軍刀、八の字髭のいかめしい明治天皇のそれであった。ただし写真にあらず、明治二十一年にイタリア人画家キヨッソーネが描くところの絵を写真にしたもの、と記憶している。

それというのも、明治天皇は写真が大嫌いで、ほとんど写真がない。全国にあまねく配布するに適当なものがなかったからである。いま残されているものは御成婚当時のそれと、後年耳成山《みみなしやま》での陸軍大演習統監のときに地図に見入っている横向きのもの、それに日露戦争の凱旋観兵式のときのもの、ということになろうか。

ずいぶん前、わたくしがまだ第一線の編集者で働いていたころ、この観兵式の写真を手にいれたとき、これがいつどこで何のときに撮影された写真かを調査せよと、ときの編集長に命ぜられた。いまでもハッキリと思いだすが、いくら調べるのが好きな性分とはいえ、明治は遠くなりにけり、そんなに簡単にいくまいとひそかに覚悟したものであった。

ところがあっけないほど、あっさりと判明した。明治天皇のことならまずあそこへ、と見当をつけてでかけていった神宮外苑の絵画館（聖徳記念絵画館）のなかで、この写真と同じときのことを描いた絵を見つけたのである。小林万吾が描いたところの「凱旋観兵式」、明治三十九年四月三十日挙行とある。国運を賭したロシア相手の大戦争にどうやら勝つことができ、いっぺんに東洋の一小島国が世界列強の仲間入りができたもっとも輝ける日、の図なのである。場所は青山練兵場。

このとき、なあーんだ、これにて一件落着かよ、と思った。さりとて、これで任務を終了させてしまっては、そこは探偵を名乗る探求好きの名がすたる。もう少し確認してやれと電話で予約をとって、のこのこと昭和天皇の侍従の入江相政《すけまさ》氏を訪ねた。

入江さんは写真をしばらく眺めてから、何やら別室で調べをすまし、戻ってくるとニコニコしながらいった。

「お調査のとおり、これは明治三十九年四月の凱旋観兵式のときのものです。明治天皇は三十九年からこのカーキ色の軍服をお召しになりました。それまでは黒の例の肋骨のついた軍服でしたな。このときの総指揮官は大山巌《いわお》。写真の後列先頭の黒服がそうでしょう。第一軍、第二軍、第三軍……と閲兵されたんで、そのつど各軍の軍司令官が自分の指揮する軍のときは、大山元帥とならんでお供したはずです。この写真には、その軍司令官がみえませんから、あるいはこれから観兵式に臨まれる直前のものかもしれませんね。……いずれにせよ、写真嫌いの明治天皇の、お若いころのはいくらか残っていますが、こういう御晩年のものは貴重ですね」

かくて編集長に調査結果を報告、大いに面目をほどこすことができた。で話は終わるのであるが、いまこの写真をとりだして眺めていると、仕事とは関係なしに、このときについでに調べあげたことがふと思い出されてくる。第三軍司令官乃木希典《まれすけ》大将にかんすることである。

乃木の奏上

乃木が戦地から東京へ凱旋したのは、この観兵式より三カ月余前の三十九年一月十四日である。ただちに宮城へ参内し、天皇に戦勝報告をした。このとき、乃木は第三軍の全作戦経過を奏上し部下の功績をたたえていった。

「これを要するに、本軍の作戦目的を達するを得たるは、陛下の御稜威《みいつ》と、上級統帥部の指揮ならびに友軍の協力による。而《しこう》して作戦十六カ月間、わが将兵の常に勁敵《けいてき》と健闘し、忠勇義烈、死を視ること帰するが如く、弾丸に斃れ、剣に殪《たお》れるもの、みな陛下の万歳を歓呼し、欣然として瞑目したるは、臣これを伏奏せざらんと欲すも能《あた》わず」

　そして自分の指揮ぶりに報告はふれて、明瞭に自分の失敗の責任を奏上した。

「しかるにかくの如き忠勇の将卒をもって、旅順の攻城には半歳の長日月を要し、多大の犠牲を供し、奉天付近の会戦にはまた敵騎大集団のわが左側背に行動するに当り、これを撃推するの好機を得ざりしは、臣が終生の遺憾として恐懼《きようくお》措く能わざるところなり」

　もちろん、これは言葉で乃木がいったことではなく、このように奏上すべく草稿として書いたものであるが、清書されて天皇のお手許にもとどけられている。

　記録によれば、乃木はこのとき、とくに旅順の攻略戦を報告するさい、多大の犠牲をだしたことに話がおよぶと、暗涙《あんるい》にむせび何度も何度も言葉をとぎれさせた。そればかりでなく奉天会戦の好機逸するのくだりのときも、無念に唇をふるわせたという。

　ようやく奏上が終わると、乃木は容《かたち》をあらためて、

「これはひとえに微臣が不敏であるための罪であります。仰ぎ願わくは、臣に死

を賜りますよう……割腹して罪を謝し奉りとう存じます」

といって深々と頭をさげた。

明治天皇はその乃木の身を震わせるような平伏の姿を見やるだけで、何もいわれなかった。言葉がないということは、乃木の願いを許されないことの証しなのである。

乃木はいっそう悄然となった。報告が終わったあとは退出するだけとなり、肩をすぼめるようにして後ずさりする乃木に、天皇がはじめて声をかけた。

「乃木……いまは死ぬべきときではない。その方《ほう》がもし死を願うならば、わしが世を去ってのちにせよ」

あまりにも有名な「君《きみ》、君にして、臣、また臣たり」の美《うる》わしい場面ということになろう。

奏上書から消えた二十字

明治天皇が亡くなられたのは明治四十五年七月三十日。御大葬の日は九月十三日。その日、赤坂の乃木邸には多勢の来客があり、乃木夫妻はその人びとと昼食をともにした。まったく平常どおりの所作であった。時刻がきて客も、お手伝いも馬丁も出払ったあと、邸には病気届をだし御大葬に参列しないことになっていた乃木夫妻だけが残った。そして午後八時、霊轜《れいじ》（霊柩車）出門の号報とともに、乃木夫妻はともに自刃《じじん》して果てた。それは、天皇の言葉「わたしが世を去ってのちにせよ」を守っての殉死であった。

と、以上のちのちに多くの人によって書かれるようになったことを、ことごとしく紹介するのが実は目的ではない。探偵として、その当時さぐりだしたのは、もっと別の、興味深い事実であった。それは乃木の奏上書の奉天会戦のくだりで、いとも肝要なことが削除されていた。松下芳男『乃木希典』（吉川弘文館）を読んでいたときに知らされたのであるが、草稿では「奉天付近の会戦には」以下にあと二十字の文言があり、天皇への奏上文ではそれが抹消されていたというのである。

すなわち、そこには、兵力と弾薬の欠乏が正直に述べられてあったという。わたくしはそうと知ったとき、ちょっと異様な感に襲われた。あるいはその抹消は弁解がましくなるのを乃木が恥じてのことであったかもしれない。が、むしろわたくしがおぞましさをそこに感じたのは、それが陸軍中央の意思であり、当時のリーダーたちは天皇をもだましたのか、嘘をついたのか、という思いであったのである。

拙著『続・漱石先生ぞな、もし』にも書いたことであるけど、日露戦後、日本人はどんどん悪くなっていく、社会風潮もいぎたなくなっていく。それは真相をかくし国民が現実感覚を失ったためであった。日露戦争の勝利が薄氷を踏むような惨勝であったことを蔽いかくし、一等国になったと国民は鼻高々となった。そのリアリズムを失った国民のうぬぼれが、四十年後の大日本帝国滅亡に導いていった。

当事者の隠蔽工作がはたして明治天皇にたいしても、という思いがわたくしにはある。もしそうであるとしたら、本当のことをいえぬ乃木のそのときの寂しさはいかばかりであったことか。乃木愚将説がすっかり定説となっているいま、明治天皇の珍しい写真を見ながら、何十年前の調査結果をふと思い出したことであった。

若槻礼次郎・「理想のために国を亡ぼしてはならぬ」

政府と重臣の懇談会

昭和十六年十一月二十六日、アメリカ政府は駐米大使野村吉三郎に最後通牒的「ハル・ノート」を手交した。翌二十七日、ルーズベルト大統領は、日米両国の根本方針が一致しないかぎり、日本が提案してきたような暫定的方策で局面の打開をはかるのは、結局は無効となると考える、と野村に伝え、日米交渉の打ち切りを示唆した。

これによって東条英機内閣は「日米開戦もやむなし」と最終的決意を固めた。そして十一月二十九日、天皇の「重臣たちの意見も聞くように」との意向をうけ政府と重臣（首相経験者）の懇談会が、宮中の千種《ちぐさ》の間でひらかれた。出席した重臣は、若槻礼次郎、岡田啓介、広田弘毅、近衛文麿、林銑十郎、平沼騏一郎《きいちろう》、阿部信行、米内《よない》光政の八名であり、原嘉道《よしみち》枢密院議長がこれに加わった。政府側からは東条首相兼陸相、嶋田繁太郎海相、東郷茂徳《しげのり》外相、賀屋興宣《おきのり》蔵相および鈴木貞一企画院総裁が出席。統帥部からはだれも姿をみせていない。

会議は午前九時半からひらかれ、政府側からの長い説明があった。首相は自存自衛のため対米英蘭戦争の避けえないことを綿密に語り、外相はこれまでの日米交渉の経過を述べ、ハル・ノートのショックを隠さずに吐露し、こう結論した。

「アメリカがこの最終的通牒を改めないかぎり、もはや交渉による妥結は不可能である。すなわちアメリカは対日一戦を辞せずとの考えであると判断せざるをえない」

非戦論者の東郷のこの絶望的な感想を聞いた上で、質疑応答に入った。真剣な討議がつづき、午後一時までにいたっても終わらなかったが、ともかくここでいったん休憩。そしてずっと待っていた天皇と、御学問所で重臣たちは昼食をともにした。そのあと東条首相以下閣僚ともども二時から約一時間、表御座所において、天皇は各重臣の意見を聴取した。それが終わり、もう一度、政府と重臣との懇談が千種の間でひらかれ、午後四時すぎまでつづけられた。開戦の正式決議（十二月一日の御前会議）を前にして、大日本帝国の運命をきめる重要会議の一つが、この懇談会であった。

――と、いくらか四角ばった歴史記述を、丁寧にかつ長々とやった上で、歴史探偵として、ずっと疑問に思いつづけてきたことを読者に問いかけたい。それはこの緊急要な会議の中身をいままでに何かで読まれたことありや、ということである。

たとえば、阿川弘之氏『米内光政』(新潮文庫)には、

「彼(米内)が『ヂリ貧を避けようとしてドカ貧に陥らぬよう』と言上したのは、この『参内』の時である」

とあり、また『木戸幸一日記』(東京大学出版会)には、

「若槻―わが国民は精神力においては心配なきも、物資の方面においてははたして長期戦に堪えられうるや否や、慎重に研究するの要あり。午前中政府の説明もありたるが、これを心配す。

岡田―今日は真に非常の事態に直面せるものと思う。物資の補給能力につき充分成算ありや、はなはだ心配なり。先刻来、政府の説明ありたるも、いまだ納得するに至らず。

（平沼、近衛の発言を略す）

米内―資料を持ちませんので具体的な意見は申し上げられませんが、俗語を使いまして恐れ入りますが、ヂリ貧を避けんとしてドカ貧にならない様に、充分のご注意を願いたいと思います。

（以下、広田、林、阿部を略す）

若槻―今日は真に重大なる時機に到着せるものと思う。ここに一言申し上げたきは、帝国の自存自衛の必要とあれば、たとえ敗戦を予見しうる場合といえども、国を焦土となしても立たなければなりませんが、ただ理想を描いて国策をお進めになること、たとえば大東亜共栄圏の確立とか東亜の安定勢力とかの理想にとらわれて、国力を使わるることは誠に危険でありますから、これはお考えを願わなければならないと存じます」

とある。さらに参謀本部の覚書（「御下問奉答綴」）によれば、重臣の意見をつぎのように記している（原文は片カナ）。

「大体の意向は、対米忍苦現状維持を主張するもの三分の二、対米開戦已《や》むなしとするもの三分の一にして、前者は積極開戦は『ドカ貧』に陥るものにして、現状維持は『ギリ貧』なり、『ギリ貧』中なんとか策を廻すを適当なりとする主張にして、御前にて所懐を陳述せるときも、広田、林、阿部以外は現状維持を進言し、現状維持論にたいしては総理はいちいち反駁説明し、お上もご納得ありしものと察せらる。

積極論は広田、林、阿部にして、特に阿部は強硬に主張せり。現状維持論は岡田、若槻もっとも強く、特に岡田は主張せり」

この参謀本部の覚書は、いくらか手前に都合のいいように「総理はいちいち反駁説明し」としているが、天皇の前ではこのような論戦はなかった。

それはそれとして、この覚書と『木戸日記』の記載とは、ほぼ合致している。ただし『木戸日記』の内大臣木戸幸一は、政府・重臣懇談会の千種の間には出席せず、表御座所での天皇と重臣の話し合いのほうに出席し、いちいちメモをとった。ということは、参謀本部の覚書も、御下問奉答綴である以上、やっぱり表御座所での話を中心にして記されているとみるべきであろう。米内発言の「ギリ貧」と「ドカ貧」が使われていることでも、そのことが察せられる。

そしてまた「ギリ貧を避けんとしてドカ貧にならない様」は、発言者の米内のいうように、まことに耳に入りやすい俗語であるだけに、その後も多く利用されることが多く、十一月二十九日の重臣との会議といえば、これによって代表されてしまっている。

ところが、実は、口八丁手八丁の東条首相が重臣を相手に、それに責任上からほかの閣僚の応援もうけて、千種の間で長時間にわたって滔々《とうとう》とやっているほうの内容も、なかなかに興味深いのである。ヂリ貧・ドカ貧といった大ざっぱな俗語で、この会議の万事をすましてしまうには、あまりに惜しいものがあるのに、なぜかいままであまりとりあげられなかった。というよりも、そのことを伝える大切な資料を手にした人が少なかったからであろうか。いや、あるいは手にした人もその重要性をそれほどに思わなかったためでもあろうか、いままでほとんど世にでてこなかった。

東条と若槻の論戦

ここに紹介するのは、開戦時の外務省アメリカ局長山本熊一氏の遺稿『大東亜戦争秘史』で、そのなかに千種の間での政府側対重臣の質疑応答の記録がかなりくわしく残されている。以下、興味のあるところを引用しながら（ときに分かりやすく書き直しながら）少しく感想を交えつつ、日本帝国の戦争決意にともなう問題点をいくつか書いてみたい。

政府側の説明を聞いたあとの会議では、若槻礼次郎がまず口火を切り、政府説明の内容をただした上で、つぎのようにいうあたりから論戦が開始される。

若槻――話がまとまらぬからとてただちに戦争とはなるまい。日米交渉が種々紛糾しているのは、南部仏印進駐のような最近の事態の発展に起因しているのではないか。また、日独伊三国同盟問題はどうか。

東条――米国はわが仏印進駐措置を真にわかっていない。さらに三国同盟についていえば、日本は米国参戦阻止の目的で同盟を結んだが、米国は太平洋の安定を計り大西洋に進まんとする意図があるらしく、したがって同条約の死文化を希望している。

＊ここで解説を加えれば、三国同盟を結ぶのは、その効果によってアメリカが英独戦争へ参加することをさし控えざるをえないであろう、せめて本年いっぱい米参戦をとどめうれば、その間にドイツは英国を屈服させて、ヨーロッパ戦争は

決着がつくであろう……というのが、昭和十五年九月の時点での同盟推進派の論理であった。結果的にはイギリスの屈服はなく、この近視眼的な戦略観の誤りは明白になっていたのに、十六年十一月末になってもまだ東条はこの理屈を主張しているのである。

若槻—交渉が断絶せば、ただちに戦うつもりか。

東条—自存自衛と八紘一宇《はっこういちう》、すなわち東亜諸民族をしておのおのその所を得しむる新秩序の建設を妨害せられては、日本としても立たざるをえない。今日まで外交交渉打開につとめ大いに自重してきたが、しかしいまや武力を発動しても堂々たる正義の行動たるに恥じない。

＊解説その二。この東条の理想論的発言を背景に、さきの『木戸日記』に記されている天皇にたいする若槻の、「大東亜共栄圏の確立とか東亜の安定勢力とかの理想にとらわれて」云々の、思い切った奏上があったのである。

いま改めていうまでもないことであるが、日本帝国の戦争目的を全世界に明示したものは「開戦の詔勅《しょうちょく》」である。それは、開戦にいたるまでの経過を縷々《るる》説明したのち、

「帝国ハ今ヤ自存自衛ノ為蹶然起《けつぜんた》ツテ一切ノ障礙《しょうがい》ヲ破砕スルノ外ナキナリ」

と、対米英戦争を自存自衛のための防衛戦争と規定している。

しかし東条は「自存自衛と八紘一宇」とここで発言している。その基礎となっているものに、まだ和戦両様の構えでいた十一月十一日の、大本営政府連絡会議において構想された〝対米英開戦の名目骨子〟があった。それには、

「一、大東亜の新秩序を建設して永遠の平和を確立し、進んで世界平和に寄与せんとするは、帝国不動の国是であること」

と堂々と謳いあげられている。東条の「八紘一宇」発言はその不動の国是を再強調したものなのであった。そのことに重臣のなかで若槻礼次郎だけが奇妙なくらいひっかかっている。昼食後の午後の懇談会でも、もう一度若槻はむし返す。

「理論より現実に即してやることが必要である。したがって日本の面目を損しても妥結する要があるのではないか。最後まで現実に即し不面目でも慎重考慮すべきである。不面目でも無謀な冒険はすべきでない」

つねづね〝アジアの盟主たらん〟といってきたその面目なんてどうでもかまわん、とまでいいきる若槻を、東条は強くはね返す。

「理想を追うて現実を離るるようなことはせぬ。しかし、何事にも理想をもつことは必要である」

若槻はなお喰いさがった。

「理想のために国を亡ぼしてはならぬ」

このやりとりからは、亡国を覚悟しても起ちあがらざるをえない国家そのものの、切ない悲鳴が、その裏側より聞こえてくるようである。

こうした若槻の憂慮があったためかどうか、「開戦詔書」では、「名目骨子」が主張しようとした「大東亜の新秩序を建設して」が、「東亜ノ安定ヲ確保シ」と謙虚なものになっている。ちなみに戦争目的のなかに、ふたたび「八紘一宇」の理想が登場してくるのは、十二月十二日、連戦連勝で意気大いに揚がるときの閣議においてである。

「今次の対米英戦は支那事変をも含めて大東亜戦争と呼称す。即ち大東亜戦争と称する所以《ゆえん》は、大東亜新秩序建設を目的とする戦争なることを意味するものにして、戦争地域を大東亜のみに限定する意味に非ず」

聖戦意識（あるいは思想的意義づけ）の懸命の努力もここからはじまる。

敗れた開戦反対論

重臣懇談会の討議にもどると――。

若槻―英米と戦えば長期戦となり、物資はますます減少し、ストックも二年三年の後にはなくなると思うが、その点はどうか。

東条―長期戦の算が大きい。そこで油、ガソリン、鉄などについて重点的研究をとげ、しかも貯蔵量も全部さらけだし、その上の基礎に立って（開戦の）結論をえた次第である。なにとぞ政府を信頼してほしい。油は必要地域を占領の目算があり、三年後には逐次増大の見込みである。航空油はある程度危険性はあるが、作戦的用法によって何とか持ちこたえるつもりである。鉄は昨年度四百七十六万トンをえたが、三年後には斬増の具体的見込みがついている。（ここで、岡田との間に若干のやりとりがあって）

岡田―物の増産が南方進出でできるとのご意見であるが、自分は疑念を有する。すなわち資源はある、原料もえられようが、しかし長い戦いでは労力もなくなる、（資源を日本へ運んでくる）船舶はどうなるか。さしあたり三百万トン必要であり、いまはやむを得ず一部を軍に貸すとするも、のちに民需に返しうるのか。日本の造船力にも限りがある。物の輸送も窮屈になり、三年後には……（南方地域に）資源山をならべて、（日本国内は）赤貧洗うがごとき状態にならぬか。

東条──船腹は三百万トン確保切り切りの予定である。危険性はあるが、国家の強力な政治力で国民を引き締める決意なくて目的は達成し得ぬ。船腹についても、追っては陸海軍の配当を（民需に）返してゆきたい。造船力は六十万トンはある。資源の点についても非常に心配であるが、検討の結果は何とかやってゆけると思う。信頼を請う。

岡田──どうも疑いが増すばかりだ。いま船腹が六百万トンある、造船能力も相当あるというが、はたしてその通りゆくものか。（中略）軍需工場はかりに拡張せらるるも、いっぽう資材を得ることは容易でない。資材の根源について力を尽くしておらぬではないか。

＊解説その三。さすがに海軍出身の重臣だけに、岡田はいいところを衝いている。当時、日本がもっていた輸送船は六百万トン。これは東条の説明どおりである。南方より資源や食糧を運ぶためには、半分の三百万トンの船が最低限必要で

あった。企画院の最終報告ではこの三百万トンは確保できるとされた。それゆえ国力維持、長期不敗の態勢をしくためには、いま開戦したほうが有利である。それが政府や軍部の判断であった。

しかし、この結論には大きな落とし穴があった。米軍の攻撃によって沈没する輸送船の損害をどの程度に見積もるか、である。海軍当局があわてて引っぱりだした資料は、第一次大戦でイギリスが喪失した船舶量で、その損耗率は年間一〇パーセント。海軍はこれをもとに日本の損害を一年におおむね六十万トン前後と推算した。そして造船能力も年に六十万トン、これで帳尻は合うとした。

岡田が東条の「信頼を請う」との説明に納得せず、執拗に喰いさがったのはこのためである。東条が「南方要域を確保して長期戦の基礎をつくることができる」と突っぱねれば、「もちろん、その見通しなくば日米戦争は不可である。いままでの説明によれば未知数の点があまりに多い。アメリカが現在のような戦力増強をつづけていくかぎり、危険性はあまりに大きいのではないか」と岡田はやり返している。

大東亜共栄圏の理想についても、いくら東亜の盟主として日本が南方の人びとを幸せにしてやるといっても、「船腹その他で日本自体が窮乏し、これら南方の人びとにまで幸福を与えてやることは不可能と思う」と、岡田は現実論で喰いさがっているが、以下は紙数がないので略す。

いずれにせよ、参謀本部の覚書が、開戦反対の現状維持論を力説したのは岡田、若槻としたのは、まったく正しかった。しかしこの二重臣の必死の正論もまったく甲斐なく、会議は「政府が責任をもって善処するという以上、信頼するほかはあるまい」という結論をもって散会した。そして東条は天皇に全員一致で開戦を決意したことを報告したという。やんぬるかな、と思うほかはない。

下村定・「陸軍は解体をいたします」

敗戦直後の陸軍大臣

昭和二十年八月十五日、太平洋戦争は日本軍の無条件降伏をもって終結した。

その前夜、陸軍大臣阿南惟幾《あなみこれちか》大将は帝国敗亡の責任を負って自刃した。また、玉音放送が終わったあと鈴木貫太郎内閣も退陣、あとを襲って八月十七日、東久邇《ひがしくにの》宮稔彦《みやなるひこ》王を首相とする内閣が成立した。陸相の任命はなく、首相が兼任した。陸軍中央としては教育総監土肥原賢二大将を推したが、東久邇宮首相はこれを受けなかった。実は首相の胸中に早くからあるひとりの軍人が思い描かれていたからである。

当時北支那方面軍司令官をしていた下村定《さだむ》その人である。明治二十年、高知県出身の下村は、東久邇宮と陸士同期(二十期)、陸大を首席卒業した秀才であるが、その軍歴は関東軍参謀、参謀本部第一部長、第十三軍司令官、西部軍司令官とほとんど軍令部門。およそ昭和史をあらぬほうへと動かした陸軍の派閥抗争や政略とは無関係に終始した。

しかし東久邇宮は、軍政部門に勤務したことのないその人をあえて陸相に選んだのである。かれをよく知る同期生の一人として、字義どおり温厚誠実のその人柄こそが、歴史上かつてない敗軍の解体処理に最適と判断した。そう信ずるゆえに、首相はとりあえずみずからが陸相を兼任し、下村の帰京を待ったのである。

しかし北支、内蒙古方面で三十万将兵の指揮をとっていた下村は、その召請に応じなかった。怒濤のようなソ連軍の攻撃がいつ満州との国境線を越えてくるかもしれない。最高指揮官が緊要のときに任地を離れるわけにはいかない。業を煮やした東久邇宮首相は、八月二十一日、これにたいし破天荒ともいうべき命令をだした。

「本職を免じ、参謀本部付を命ずる」

解任である。敗れたりといえどなお軍紀は厳然として生きている。やむなく急ぎ帰京した下村を待っていたのは、予想もしなかった陸相の椅子。冷静をもって鳴る下村もさすがに仰天し、ただちに辞退した。無条件降伏してはいるが、内地に二百四十万、外地に三百二十万の日本陸軍の将兵がいる。精強を誇りとした軍隊の停戦、さらに武装解除という最高に困難な重責を、軍政にまったく無知の自分にはたせるわけがない。

東久邇宮首相は予期していたように、いや、敗軍の解体処理が困難きわまりないからこそ、君の人格が必要なんだ、と押しかえした。下村は自信がないの一点張りで、重ねて断った。

すると、東久邇宮はしみじみとした口調でいった。

「君に頼むというのは、軍の解体だけではない。こんどの戦争では、軍人はもとより国民に莫大な犠牲を払わせた。ことに親や夫や兄弟を亡くした遺族のことを思うと、われら軍人としては慙愧《ざんき》に堪えぬ。何とお詫びしていいかわからない。これら犠牲者にたいしてできうるかぎり温かい援護の途を講じてもらいたい。それを君に頼みたいのだ」

——以上、八月二十三日、下村陸相決定までの経緯を、増刊『歴史と旅』(秋田書店)の新井英生氏の一文に拠りながら長々と書いた。やんちゃ皇族とみずからもいう東久邇宮については、あまり高い評価を与えていないわたくしではあるが、この〝下村大将引っぱりだし〟は大いなる功績と認めている。軍政的に(ということは軍の思想的にも)無色で、その誠実無比の人柄で知られていた大将が、あの横暴のかぎりをつくした日本陸軍の最後の日を、美しく飾ったと思えるからである。

まったくの話、人が歴史をつくるというが、歴史もまた人をつくる。最後の幕を静かさのうちにも感動的に引くために、歴史というやつは、あの夜郎自大の陸軍のうちにこんな誠実無比の軍人をそっとまぎれこませておいた、と思えてならないのである。

なぜ、そんなにまで大仰にいうのか。それを語るためにはさっさと話を進めなければならない。

陸軍最後の答弁

東久邇宮内閣が一応所期の任務を終えたと、十月九日に退陣し、つぎの幣原《しではら》喜重郎内閣にかわったが、下村はひきつづき陸相として留任した。その幣原内閣のもとに二十年秋、第八十九議会がひらかれた。このとき、もっとも大きな問題となったのは、戦争責任の追及であった。

十一月二十八日、衆議院本会議で、斎藤隆夫が質問に立った。

昭和六年の満州事変当時から、軍人が政治に干渉し、その弊害はとどまるところなく、ついに今日の運を招いた。このさい、軍の代表者たるものは、いかにしてわが国に軍国主義が生まれたか、また、何ゆえにこれを抑圧することができなかったか、いっさいの事情を説明する責任があると思う。軍部大臣と相まみゆることは、すでに十一月三十日をもって陸海軍省廃止と決定している今日、これが最後と思われるゆえ、あえてこの機会に、大臣の所見をお聞きしたい……。

この斎藤質問にたいし、下村陸相が答弁に立った。戦後はじめて、みずからが犯した歴史的罪業について、当事者たる陸相が説明をするのである。それこそ満場水をうったように静まったという。

「いわゆる軍国主義の発生につきましては、陸軍といたしましては、陸軍内の者が、軍人としての正しき物の考え方を誤ったこと、とくに指導の地位にあります者が、やり方が悪かったこと、これが、根本であると信じます。このことが、中外のいろいろな情勢と、複雑な因果関係を生じまして、ある者は軍の力を背景とし、ある者は勢いに乗じまして、いわゆる独善的な、横暴な処置をとった者があると信じます。ことに許すべからざることは、軍の不当なる政治干渉でありま す。かようなことが、重大な原因となりまして、今回のごとき悲痛な状態を、国家にもたらしましたことは、何とも申しわけがありませぬ」

そういって陸相は深く頭を下げた。このあまりに率直な詫びように、議場内には勃然《ぼつぜん》として大きな拍手がわき起こった。

「私は陸軍の最後に当たりまして、議会を通じてこの点につき、全国民諸君に衷《ちゆう》心《しん》からお詫びを申しあげます。陸軍は解体をいたします。過去の罪責にたいしまして、私どもは今後、事実をもってお詫びを申しあげること、事実をもって罪をつぐなうことができませぬ。まことに残念でありますが、どうか、従来からの国民各位のご同情に訴えまして、この陸軍の過去における罪悪のために、純忠なる軍人の功績を、抹殺し去らないこと、ことに幾多戦歿の英霊にたいして、深きご同情を賜わらんことを、この際切にお願いいたします」

粛然となった議場より、「もういい、もういい」と、やさしく陸相の発言をとめようとする声もあがった。下村は、しかし、なおも言葉をついだ。

「軍国主義の発生のいきさつ、ならびに、それを抑制しえなかった理由などについて、この議会に開陳せよという斎藤君のご希望、まことにごもっともでありま す。これには、慎重の検討を要することでございまして、私ども、もとよりその必要を感じておりますが、今議会中において、斎藤君のご満足のいきますように、具体的、詳細に申しあげられるかどうかは、お約束できませぬ」

そういって、もう一度深く深く頭をさげ、陸相が自席に戻り椅子に座ったとき、議場内にわれにかえったように拍手が起こり、いつまでもやまなかったという。

二日後の十一月三十日、内地復員をひとまず終え陸海軍省が廃止された。この日、下村は宮中に参内し、復員の順調に進んでいることを報告、改めて敗戦の詫びを天皇に述べた。八月十五日いらい背広姿であった天皇は、この日、久しぶりに大元帥服を着ていた。

「ほんとうにご苦労であった」

と天皇は答え、最後の儀式を終えた。ただちに天皇は軍服を背広にかえた。

日本陸軍はこうして永遠に姿を消した。

第三章
戦時期の作家たち

『荷風さんと「昭和」を歩く』余話

この項は大いに宣伝するつもりで、照れずに書きはじめる。わたくしは1995年に『荷風さんと「昭和」を歩く』という本をプレジデント社から上梓した。その五分の二ほどは月刊誌『プレジデント』に連載したものであるが（それも縮めて）、ほとんどが書き下ろしである。（現在はちくま文庫になっている）

永井荷風の残した膨大な日記『断腸亭日乗』は、一面からみると、荷風さんの女性関係日記であり売色観察日記である。そこに描かれているさまざまな女性たちと交渉をもつ荷風像や日常には、どうしても華やかながら奇矯なものが感じられてしまう。しかしそれ以上に、『日乗』は荷風の文明批評の書であり、昭和史論であり、慷慨《こうがい》の書なのである。

終戦後に、自分はいかに戦争に反対したか、いかに挙国一致体制に非協力であったか、といったことを力説した不愉快な文章をいくつも読まされたけれど、それらにくらべて『断腸亭日乗』の一行一行には、不動の矜持《きようじ》が感じられてもう敬服するほかはない。一億総軍国主義者のときに、これほど冷静で正気な文章を残すことのできた人がいたことに、日本人も捨てたものじゃないなと、わたくしは救われる思いがしている。

以下は、拙著からこぼれ落ちた、というわけでなく、残念に思いつつもページ数の関係ではずしたもの。「余話」として読んでもらえれば幸いである。

ヤーットナー、ソレ

わたくしの生まれた向島が、東京府南葛飾郡から東京市に編入され向島区となったのは、昭和七年十月一日の市区改正のときであるそうな。このとき、十五区が三十五区にいっぺんに拡大して「市民五百万」「世界第二位の大都市」といわれるようになった。もちろん数え年三つのわたくしには知るはずのない話。

《いつもの如く食事せんとて銀座に往くに花電車今しがた通過したる後なる由。人出おびただし。商店の軒には大東京カアニバルなどという大文字を掲げたり》

と、生まれからずっと東京市民の荷風さんは、この日の盛事にごくごくそっけない。

そして翌八年夏、大都市誕生を祝するかのように突如として起こったのが『東京音頭』の大狂騒曲であったという。その人気は昭和十年に及んでもやまなかったらしい。なんて書くと、プロ野球のスワローズ応援団の一員を自負する身としては、それこそお前のほうがそっけないぞ、と叱られそうであるが、例の「踊りおどるなーら」であり、「ヤーットナー、ソレ、ヨイヨイヨイ」である。

そのそもそもは、日比谷公園にある松本楼の主人が朝風呂のなかで、この花の東京でも田舎の夏につきものの盆踊りができないものか、と考え、西条八十《やそ》に作詞を依頼したことに発するという。これが「丸の内音頭」で、日比谷公園の夏の風物詩のごとくにとりあえずささやかに踊られだした。これに目をつけたのがレコード会社のビクター、さっそく「東京音頭」にかえて……といった事情は、流行歌の歴史を扱った本には大てい書かれている。

問題は、なぜそれがこの時期に大流行したのか、である。安岡章太郎氏もそのころを「スリ切れかかったレコードが『ヤーットナー、ソレ、ヨイヨイヨイ』と、黄色い声をうるさくガナリ立てるのがきこえてくると、私はいいようのないイラ立たしさに捉われた。――この非常時に、何がヤーットナー、ソレなんだ」と回想している。まったくおっしゃるとおりで、昭和八年といえば、外には満洲国建国をめぐって国際連盟から脱退して日本は世界の孤児となり、内には京大の滝川事件があって学問の自由と大学の自治にたいする不当な干渉と弾圧の幕をあけたとき。その上に、関東地方防空大演習で関東平野が真っ暗になり、その後もしょっ中灯火管制あり防空演習あり。安岡氏のいう「非常時」で、ヨイヨイヨイなんて浮かれているときではなかった。

それなのに「眼鏡あり、髪あり、お下げあり、断髪あり、三側四側になり、単純に手足を動かして、歌につれてぐるぐる廻り行く」(『森銑三日記』)熱狂が、日本全国津々浦々にひろがったのは、探偵が推理するに、案外に当時の日本人が先行きに不安を感じだしたからかもしれない。「日本はこれから栄光ある孤立を守っていくのだ」と壇上からいくら獅子吼《ししく》されても、肌で感じられる一抹の淋しさや幻滅感を何かで適当にゴマ化さないわけにはいかなかった。

それをまたときの為政者も微妙に感じとっていた。日本をとりまく国際情勢の悪化への不安、それにともなう社会的緊張、これらを解消するためには、お祭りがいちばんなのである。それはいつの世だって変わらない。そういえば、倒幕の志士たちが計画的に扇動したといわれる幕末の「ええじゃないか」狂騒曲がある、あのテがあるじゃないか。そっくりいまに適用するにかぎる。ときの知恵者がそう考えたにちがいない。この巧妙な仕かけによる集団的乱舞の、しばしの現実逃避が、ヤーットナー、ソレ、ヨイヨイヨイであった。国家というものは、いつでもどこでも、祝祭によって人心をまとめ挙国一致体制をつくっていく。

そしてなんとも通俗で、浮薄で、ナンセンスで、やたら威勢いいだけの歌（ヤクルト・ファンよ怒るなかれ）を、荷風が好ましく思うわけがないことは書く必要もない。『日乗』ではほとんど無視しきったこの狂騒乱舞を、『濹東綺譚』の「作者贅言《ぜいげん》」で、一流の洞察力を駆使して、荷風は見事に国家のヤラセとしてあばいている。

「東京市内の公園で若い男女の舞踊をなすことは、これまで一たびも許可せられた前例がない。……東京では江戸のむかし山の手の屋敷町に限って、田舎から出て来た奉公人が盆踊りをする事を許されていたが、町民一般は氏神の祭礼に狂奔するばかりで盆に踊る習慣はなかったのである」（ソク点は筆者）

歴史的事実をもってかく証明するあたり、荷風を歴史探偵団の一員にして、ソレ、ヨイヨイヨイとやりたくなってくる。

ペン・クラブ

明治いらいの近代日本の歴史の本流をつらつらおもんみるに、「官」と「軍」をぬきにしてはうまく語れないように思っている。たとえば、大学教授を含めて日本の知識人のかなりの部分はまず「官」であった。森鷗外がついに軍籍を離れなかったのもわかる気がするし、わが夏目漱石先生が大学教授への道をみずから断ちきって、一介の新聞屋になったとき、変人よばわりされ大騒ぎになったのもむべなるかな、なんである。

昭和になると、これに「軍」が加わって日本の進路をテロの恐怖をもってねじ曲げはじめた。「官」と「軍」はときに味方になったり敵になったりして、日本をいびつな国家にしていった。知識人はその圧力に押されてはみだすか、アゴが干《ひ》あがってつらければぺたりと「官」か「軍」にくっついた。

いまさらのようなことを書くのも、昭和十年という時代を考えたいからである。この年に、およそ自由人たらんとする人びとは、思想や言論に直接にかかわることで、死活にかかわる決断を迫られたのである。天皇機関説問題につづく、〝国体明徴〟という神がかり旋風が知識人を襲ったのである。

天皇機関説が問題となったのは、その年の二月十八日の貴族院本会議においてである。それはまさに思想・学問の問題であり、歴史観への問いかけであり、言論の自由の問題であった。しかし、なんということか、美濃部達吉の学説を公の場で弁護し、学問の自由を守ろうとする動きは、学界はもちろん、言論界にもあまりみられなかった。

なれど美神に奉仕する文学界はひとり超然か……と調べてみたら、こっちもあまり威張れるほどのこともない。次第に強まる言論の国家統制の動きに息苦しさをおぼえ、「官」のご要望に応えて、ひとつの言論団体をつくっている。ペン・クラブで、メンバーにはお歴々が顔をそろえている。

会長・島崎藤村、副会長が堀口大學、有島生馬。評議員が長谷川如是閑《にょぜかん》、柳沢健、芹沢光治良《こうじろう》、勝本清一郎、鶴見祐輔、清沢洌《きよし》、木村毅《き》、岡本かの子、新居《にい》格《いたる》、豊島与志雄、米川正夫、阿部知二、堀口大學、有島生馬。

ことの起こりは、高見順『昭和文学盛衰史』（文春文庫）を援用すれば、こうである。昭和八年、日本は国際連盟から脱退した。国際的に悪化したムードの緩和のため何か手を打ってほしい、という要望が在外公館から外務省へしきりに届けられた。当時の外務省文化事業部長であった詩人の柳沢健が、国際ペン・クラブへの日本の参加を考え、島崎藤村をはじめ主だった作家・評論家をよんで相談をもちかけた。が、そこは文士諸君で、天下りのそんな話には乗れないと、一度はご破算となる。

しかし、この良識もざっとこのへんまでで、政府が余計なくちばしを容《い》れないなら、という声がたちまちに内部に強まった。とくに藤村が設立に熱心で、なんとか具体化しようという気持ちのほうが勝った、という。話はここからトントンと進んで、創立は昭和十年十一月二十六日、丸の内のレストラン東洋軒ではなばなしく発会式ということになった。集まったのは作家、詩人、評論家、大学教授、ジャーナリストら百二十六人。

規約第一条にいう。

「本会ハ『日本ペン倶楽部』ト称シ、（中略）諸外国ニ於ケル同種団体ト連絡シ国際的ニ文筆家相互間ノ親睦ヲ計ルヲ以テ目的トス。右目的ヲ達スル為ニハ評議員会ノ決議ヲ経テ政治的活動ヲ除ク一切ノ方面ニ其ノ活動ノ範囲ヲ拡大シ得ルモノトス」

この「政治的活動ヲ除ク」の文字には、「官」や「軍」にたいするなみなみならぬ「文」の配慮があったように思われる。

ロンドンに国際センターをもつ世界組織に加わらず、友好団体というだけで、政治問題にはいっさい関係しない、というのなら、ほんとうはなんのため作ったかわからなくなる。そこが「官」のお仕着せという証しなんである。

ところで発会式の席上で、それはおかしいじゃないかと、藤村会長にはげしく喰いついた人がある。評論家の青野季吉《すえきち》で、日本ペン倶楽部は文学というものをどのように考えているのか、またいよいよ強まる文学の国家統制をどう思っているか、どう対処していくつもりか、責任ある答えをしてもらいたい、と、あたりの華やいだ雰囲気をぶちこわすような質問をしたのである。司会役の勝本清一郎が立って「あなたのような傾向の方にも呼びかけていることで、日本ペン倶楽部が何を目的としているか、理解されたい」と遠回しになだめたが、青野は頑とし

て引きさがらず、ついに、

「親睦だけなら、こんなものを作っても意味がない」

といって席を立った。青野が戦後に書いた『私版日本ペン・クラブ史』による
と、

「不満というのは、時の政府は、国体明徴の訓令を発したようなファッショめいた政府であったが、ペン・クラブはそんな政府のあっせんによって成ったものであること、また当時の文学界全体でなく、その一部に呼びかけて成ったものであることについてであった」

ということなのである。

ところが実際は、「栄光ある孤立」とうぬぼれる当時の日本にあっては国際親善を目的とすること自体が、危険思想ともみられていた。そこで会はできたものの、憲兵や特高が「例会に臨席させろ」ときびしくいってくるようになり、やがて昭和十七年には事務所も閉鎖せざるをえなくなったという。

かくてみんなで一つに固まって、何とか表現の場を確保したいという文学者の狙いははかなくなった。「官」も「軍」も役者が「文」よりも一枚上であったの

である。こうなると自由職業人である文学者は弱い。結局は表現の自由を奪われた。いいかえると、書きたいものが書けなくなると、食うにも困る、口角泡をとばして文学論をやってみても腹がへっては何とやらで、片づかない問題にきまっている。昭和十年代の文学者は、勢いの赴くところ体制べったりか、時局便乗か、勝手にしやがれとデカダンスか、窮迫を覚悟の隠遁か、いずれにしても死屍累々の惨状を呈することになった。

ところでわが荷風さんであるが、それに参加するはずのないことはもう書くまでもない。

《十一月十四日。晴れて風静なり。落葉を焚く。昏黒《こんこく》尾張町竹葉亭に飰《はん》す。島崎藤村の名義にてペンクラブとやら称する文士会合の集団に加入の勧誘状来る。辞退の返事を送る。連夜月明なり》

とまことにあっさりしたもの。勧誘状に「外務省文化事業部の斡旋」の文字があったかどうか確認していないけれど（発会式の藤村会長の声明書にはある）、もしそんな文字が入っていたら破棄して、返事もよう出さなかったのではあるまいか。「軍」も「官」も、荷風さんにあってはクソくらえなのである。そしてこの昭和十年あたりから爺さんは「文」にも完全にソッポを向いた。

三つの言葉

二・二六事件が起こる直前の、昭和十一年の二月十四日の『日乗』で、荷風はなかなかにあっぱれなる判断を示している。不平憤満が渦まいていた時代背景をおいてみると、新聞や雑誌をろくに読まず、ラジオも拒絶しているくせに、爺さんがなみなみならぬ観察眼をもっていたことが知れる。

《日本現代の禍根は政党の腐敗と軍人の過激思想と国民の自覚なき事の三事なり。政党の腐敗も軍人の暴行も、之を要するに一般国民の自覚に乏しきに起因するなり。個人の覚醒せざるがために起ることとなり。然り而《しこう》して個人の覚醒は将来に於てもこれは到底望むべからざる事なるべし》

最後のところは皮肉そのものである。いまだ日本社会のうちに確立せざる個人主義と自由主義、人びとはブツブツ言いつつも、浮草のように風吹くがままに右へ左へと流されるだけ、将来もその救済はおぼつかないと、世の中の見るもの聞くものに吐く荷風の呪詛の言葉は、説得力がある。

この荷風が示した三つの禍根から、ただちに、連想されてきたのが『文藝春秋』昭和十二年三月号のコラムである。『文藝春秋七十年史』を書くために、あちこちこの雑誌を読みとばしていたとき「これは面白い」と目についたものである。「世相を象徴する三つの言葉」というアンケートに、諸氏が答えている。二・二六事件いらい検閲が日一日ときびしくなっているときに、まだまだこれだけのことがいえた、という意味からして、記念碑的なものといえるかもしれない。

「小島政二郎　軍部。重税。がさつ。
田川大吉郎　ファッショ。統制経済。悪性インフレ。
中川紀元　一ぐん二ぐん三もぐん、ぐんぐんぐんぐんぶで押し通す。
藤森成吉　反動。反対。発展。ほんとにそうなら……という気持ちもこめて。
青野季吉　不安。諦念。忍苦。
柳瀬正夢　一、〇〇〇。二、△△△。三、×××。
野口雨情　非常時。明朗。庶政一新。
神近《かみちか》市子　不安。暗黒。狂噪。
木村毅　章魚《たこ》の足。沢庵石。それでも地球は廻っている。

三枝博音《さいぐさひろと》　焦躁。行動。無思想」

作家の小島政二郎、代議士の田川大吉郎、とくに画家の中川紀元なんか正々堂々たる発言と思う。

漫画家の柳瀬正夢の○△×は検閲のきびしさで、万事に伏字の文化を皮肉たっぷりに語っている。けれど、おそらく庶民一般は、作詞家の野口雨情に代表されるような世相把握であったことであろう。そしてこのあとの六月四日、民衆の大きな期待を集めて近衛文麿内閣が誕生する。この非常時に、暴力と流血という手段を用いないで成立したまさに庶政一新の内閣として、国民は大歓迎した。

しかし夢はあまりにもはかなかった。組閣後わずか三十三日目の、七月七日夜、日支両軍が北京郊外の蘆溝橋で衝突した。その後八年にわたる大戦争へのはじまりである。

戦争下となって、日本の報道制限はいっそう厳格になっていく。内閣情報部が設置され、大本営のなかに陸海の報道部がおかれる。さらに陸海軍報道部の現役将校が派遣され、内閣情報部の中核になるに及んで、言論取り締まりは言論指導へと変わっていく。軍が思想戦の名のもとに、命令をもってマスコミにのぞんでくることになったのである。もはや「一ぐん二ぐん三もぐん」なんてアンケートは誌面に載せられなくなった。

《九月十三日。晴。午後写真機を提げて芝山内を歩む。台徳院廟の門前を過ぎむとする時、通行の僧余を呼留め増上寺境内に兵士宿泊するがためその周囲より山内一円写真を撮影することを禁じたり。憲兵に見咎められ写真機を没収せられぬよう用心したまうべし、という。余深くその忠告を謝し急ぎて大門を出ず》

尻に帆かけてスタコラ逃げだした荷風さんの姿が、まざまざとみえるようである。

ダンサーの涙雨

〽音恋しい銀座の柳
仇《あだ》な年増を誰が知ろ

西条八十作詞、中山晋平作曲の『東京行進曲』は、音痴のほうのわたくしが歌うことのできる数少ない流行歌である。モダンボーイ・モダンガールの「モガ・モボ」時代をうけて、昭和四年に大ヒット、レコードは空前の二十五万枚というから、わたくしがわがたらちねの母の胎内より生まれいずる前年の話である。四番までの歌詞を追ってみると、一番の銀座はこのあとジャズとリキュルとダンサー、二番が丸の内で、丸ビル・ラッシュアワー。三番が浅草で、地下鉄・バス。四番は新宿となり、シネマ・喫茶店・小田急となるのはご存じのとおり。大衆化社会とか都市化現象とかを、こんなに早く先どりしていたのかの感がする。

もともとは菊池寛の小説『東京行進曲』を日活が溝口健二監督で映画化したさいの主題歌とか。菊池はいってみれば大衆化社会の推進者のひとり。雑誌『オール讀物』を創刊したのが翌五年で、「どうだシャレているだろう」とカタカナ入りの命名を得意そうに語ったというが、そういえばモガ・モボ時代を受けて『文藝春秋』には、サロン、アネクドーテン、もだん・とぴっく、スナップ・ショットなど、横文字のコラムが多いのも特色となっている。そして菊池はいの一番にダンスものにしている。

菊池寛大嫌いの荷風は後塵を拝する気になれなかったのか、昭和二年にスタートし、全盛期には東京だけで大小三十七もあったダンス・ホールにいりびたることもなく、ついにダンスを習わずじまい。しかしダンサーを主人公にした小説の腹案はあったらしく、ダンスやダンサーについての風聞にたいする関心と着目だけはおさおさ怠ることがなかったようである。『ひかげの花』（昭和九年）、『おもかげ』（昭和十三年）などにダンス・ホールやダンサーがでてくる。

それよりも『おもかげ』のあとに書かれた小品ながら、『女中のはなし』をわたくしは好んでいる。雇いいれた地方出の女中（お手伝い）が、不在がちの独身の主人であるのをいいことに、毎晩家をあけて外出する。それはダンスの教習所へ通い、ダンサーになって金を貯めようとしていたのであったという内容。さりげなく時代風俗の移りを描く荷風の筆は、とてもあざやかである。

その冒頭のところを。

「……たしか霞ヶ関三年坂のお屋敷で、白昼に人が殺された事のあった年であったと思うので、（中略）その時分から際立って世の中が変り出したことは、折々路傍の電信柱や、橋の欄干などに貼り出される宣伝の文字を見ても、満更わからない訳ではなかったものの、（中略）。いかに世の中が変ろうとも、女の髪の形や着るものにまで、厳しいお触れが出ようとは、誰一人予想するものはなかった」

ここにでてくる白昼の殺人とは、昭和七年五月十五日に首相官邸で、犬養毅《つよし》首相が海軍士官らに射殺された五・一五事件のことで、その時分から世の中が変わりだしたのは、荷風の観察どおりである。そしていままた、厳しいお触れが当局から発令された。日中戦争下、忠勇なる勇士が大陸で戦っているこの非常時に、男女が相擁して踊っているとは何事なるか、とダンス・ホールがまっさきに指弾されたのである。

『日乗』の昭和十二年十二月二十九日にそのことが記されている。

《……この日夕刊紙上に全国ダンシングホール明春限閉止の令出づ。目下踊子全国にて弐千余人ありと云う。この次はカフェー禁止そのまた次は小説禁止の令出づるなるべし。可恐可恐《おそるべし》》

小説『女中のはなし』はこの禁止令にコチンときて、荷風が荷風一流の皮肉で書いたものかとも思える。

なお、なにがしの抵抗があって、実際にダンス・ホールが完全閉鎖されたのは、三年近くあとの昭和十五年十月三十一日であった。「ダンサー三百六十二名、楽士百九名が職を失う。その最後の夜、東京のダンスホールは約十カ所」と広沢榮氏『黒髪と化粧の昭和史』(岩波書店)にある。いよいよラストで、ワルツの『螢の光』が演奏されたとき、ホールのあちこちですすり泣く声のみが高かったとか(そういえば、戦後の、赤線最後の日の光景が思いだされるな)。

この日、十月三十一日の『日乗』には《好く晴れたり》とあり、ダンサーの涙雨についての記載はまったくない。

ニッポン文士戦場をゆく

舞いこんだ〝白ガミ〟

対米英戦争は昭和十六年十二月八日からはじまったが、軍部が「戦争は必至」と覚悟と決意をきめたのは、それ以前の十一月初めのことである。正確には十一月五日の御前会議のあとといえる。それは十六年に入ってから三回目の御前会議であった。七月二日の一回目で対米英戦争の〝決意〟をし、九月六日の二回目で〝準備〟となり、そしてついにこの日の〝決定〟へと、日本は戦争への道をいっさんにかけ上った。ぬきさしならない道を、〝ただひとすじに〟である。

この日、御前会議終了後、軍令部総長永野修身《おさみ》大将から瀬戸内の戦艦長門にあった連合艦隊司令長官山本五十六大将に、大海令（大本営海軍部命令）が発せられた。自存自衛のために、十二月上旬を期して米英およびオランダとの開戦を予期し、作戦準備を完整せよ、というものである。翌六日、陸軍も南方派遣軍を編成し、寺内寿一《ひさいち》大将を最高司令官に任命する。ともに大元帥陛下の統帥命令によった。

以上は、今日においてはもう、厳然たる歴史的事実として周知のことなんであるが、当時は最高の機密であった。日本人の多くはキナ臭さは感じていたものの、一カ月後に国家の命運を賭した大戦争がはじまるとは思ってもみなかった。そこに突然、十一月初旬から下旬にかけてのある日、作家や評論家のもとに〝白ガミ〟がどしどし送りつけられたのであるから、これはもう大変な騒ぎである。受けとったものはもちろん、いまだ届かざるものまで戦々兢々《きょうきょう》となった。軍隊への召集令状を赤紙といったのにたいして、当時は徴用令状を白紙といったのである。

昭和十三年の第七十三議会において可決、成立した国家総動員法第四条には、「政府ハ戦時ニ際シ国家総動員上必要アルトキハ勅命ノ定ムル所ニ依リ帝国臣民ヲ徴用シテ総動員業務ニ従事セシムルコトヲ得」とある。国民徴用令はこれにもとづいて立法化され、勅令第四五一号として、昭和十四年七月七日に発令された。白紙はこの法令にもとづいて発せられるものなのである。

このとき白紙をうけとった作家たちの名をあげると、つぎのとおり。

▼マレー、シンガポールへ
会田毅、秋永芳郎、井伏鱒二、大林清、小栗虫太郎、海音寺潮五郎、北川冬彦、小出英男、堺誠一郎、里村欣三、神保光太郎、寺崎浩、中島健蔵、中村地平

▼ジャワ・ボルネオへ
阿部知二、浅野晃、大江賢次、大木惇夫《あつお》、大宅壮一、北原武夫、寒川光太郎、武田麟太郎、富沢有為男《ういお》

▼ビルマへ
岩崎榮、小田嶽夫、北林透馬《とうま》、倉島竹二郎、榊山潤、清水幾太郎、高見順、豊

田三郎、山本和夫
石坂洋次郎、上田廣、尾崎士郎、今日出海《こんひでみ》、沢村勉、柴田賢次郎、寺下辰夫、
▼フィリピンへ
火野葦平、三木清
これをいまみると、小説家あり、詩人あり、評論家あり、哲学者あり、シナリオライターあり、エッセイストありで、なかなかにうまい組み合わせになっている。ごく一部は十二月八日以後に白紙をもらったが、開戦前の十一月に徴用された作家たちは、何が何だかわからず、異様なものを感じたという。
これをもってしても、陸軍はもう十一月五日の御前会議できめられた「日米交渉が十一月末日までに不成立の場合」には開戦、逆にいえば、十一月中に交渉成立の場合は戦わず、にまったくの期待をかけていなかったことを物語っている。とにかく早手回しなのである（ちなみに開戦後に海軍も負けてはならじと、文士徴用令書を発した。メンバーは石川達三、井上康文、海野十三、角田喜久雄、北村小松、桜田常久、丹羽文雄、浜本浩、間宮茂輔、湊邦三、村上元三、山岡荘八の十二名）。

徴用か〝懲用〟か

しかし徴用をかけられたほうはたまらない。噂が乱れとんだ。徴用には「心」のついた懲用、すなわち〝赤い〟文士を懲《こ》らしめるために引っぱった、ということがしきりにいわれた。たとえば、一年後のことになるが、昭和十七年秋、マレー軍政監部宣伝部長の大久保弘一中佐から、こんな言葉を聞いたジャーナリストもいる。なお、この大久保中佐は二・二六事件のときに〈兵に告ぐ〉の名文を書いた文人的な軍人である。

「徴用には懲罰的な意味のものもあるが、諸君の場合は決してそうではないから安心して視察されてよい」

また、同じジャーナリストは少し後でジャワへ移動したとき、ぱったりと武田麟太郎に会った。そのとき、武麟がこうぼやいたという。

「一緒に来た連中はみんな帰されたのに、俺だけがとり残されているんだ。約束の一年がたったのだから、早く帰してもらうように町田敬宇中佐（宣伝部長）に頼んでいたが、その部長も内地に転属になってしまって、俺のほうは二年も置いてきぼりだ。どう考えても懲罰の意味で残されているとしか考えられない」

そういって武麟は酒ばかりのんでいた。このジャーナリストはこのとき大久保中佐の言葉を思いだし、ひそかに武麟に同情をよせたものであったという。

もっとも中島健蔵にいわせると〝徴用〟の意など軍にはなかった、という。

「戦後になって、僕も多少は調べてみたが、懲罰的な意味については噂にすぎないように思う。徴用関係は一般には厚生省の所管で、東京都が委嘱をうけてその事務を担当していた。文化人の場合は、参謀本部のある人間が、中央公論や改造や文藝春秋の古い目次のなかから、これという基準もなくチェックしていった、というのが真相のようである」

徴用された怨念(?)のある人の調べだけに、信じてもよかろうと思う。それにしても、これという基準もなく、雑誌の目次から手当たりしだいに徴印をつけられた人こそ災難なことであった。

もっとも、白紙を受けとったものの、健康上の理由で特別に許された人もあったらしい。太宰治と島木健作は間違いなく免除組だった、と野口冨士男さんから聞いた覚えがある。そのとき野口さんは「むしろ白紙の来たことが花形作家の折紙をつけられたことを意味していた、ともいうがね。そんな時代だった」と面白い見方をつけ加えてくれた。

花形と折紙つきであろうと、『三木清に於ける人間の研究』で、今日出海にこっぴどく批判された三木清などは、徴用されなければ小説のモデルにされることもなかったであろうから、災難の上に災難を蒙ったということになる。日本有数の哲学者を、階級だけがものをいう軍隊のなかに送りこんで、くちばしの黄色い少尉にさえ頭の上がらぬような扱いをしたところに、大いなる誤りがあった、としかいいようがない。

文士徴用は、日中戦争下の昭和十三年、菊池寛を先頭とする「ペン部隊」の再現であるとか、ナチス・ドイツのP・K部隊（宣伝戦闘部隊）の真似であるとかいわれたが、もともと日本の軍部における人の使い方は「一銭五厘の生命」という言葉に象徴されるように、虫ケラを扱うと同じようで、はじめから無茶苦茶なのである。ましてや作家や評論家の起用においては、適材不適所の見本、まさに文化の破壊そのものであった。

「呉の港で汚い輸送船の日の目も見ぬ船倉に積み込まれ、毛布一つない藁《わら》の上に胡坐《あぐら》をかいてみると、流石《さすが》にがっかりして『こいつァ非道《ひど》い扱いだ』と嘆息を漏らした。……我々は暗い船倉で歯の根も合わず、お互いに身体を擦り寄せて、体温で暖をとり、新聞記者達の差し出すウイスキーで元気をつけていた。石渡（石坂洋次郎）は酒を一杯も飲まぬので、見るからに手持無沙汰そうなだけではなく、実際痩軀を石炭の叺《かます》に包んで震えている様はおコモ様そっくりで哀れを催したものである。これでは全く流謫《るたく》の地に送られる処刑囚の姿である」

と、今日出海はさきの『三木清に於ける人間の研究』で怒りを微苦笑にまぎらせて書いている。まったく、剣がペンを屈服させた異常の時代の愚劣さが、見事に浮かび上がってきているではないか。

もうひとつ、今日出海の文章を引こう。

「三木清は大野四郎（尾崎士郎）よりも一つか二つ年上で、哲学や評論の筆をとっては当代一流の名を謳われた、こんな戦地へ来るような人ではなかった。来ても、彼の頭脳を必要とするような用務もなければ、またそれを利用できる人もない。何故書斎人を書斎に置いて読書や思索をさせて置かぬのか。それを一片の徴用令書で兵隊の服を着せ、陣刀をさげさせて、戦地へ送り込む無謀というか愚挙に憤りを覚えたのである」

この「三木清」を、「海音寺潮五郎」でも「高見順」でも、ほかのだれの名前とでも入れかえていい。この愚挙はすべての作家にそのままいえることである。文士を〝大東亜共栄圏〟に送りこんだところで、日本人の宣伝に役立つような作品は一つとしてできなかった。あらゆる意味において、大いなる浪費であった。

ある作家の「アメリカ処分案」

裏返しの東京裁判

昭和二十年六月、硫黄島も沖縄も失陥し、グアム島に司令部をもつ第二〇空軍司令官カーチス・ルメイ少将にいわせれば「東京はほとんど完全に爆砕した。この結果、東京は軍事目標ではなくなった」という、大日本帝国の敗北がもう目睫《もくしょう》の間《かん》にせまっている時分である。

「宣伝」という小冊子が電通発行で出ていた。その六月号巻頭に「アメリカ処分案」なる記事が掲載されている。筆者はA氏という作家である。戦後百八十度転換し、作家としてだけでなく政界にも打って出た。君子豹変を絵に描いたような人物といわれた。

その人が戦争末期に書いたこの私案は、いってみれば勝利者日本が敗北者アメリカを裁く〝裏返しの東京裁判〟ということになる。それがなかなかに愉快な文章になっている。時勢に便乗して極論を吐く文化人の、非文化的妄想と一笑に付してしまうにはちょっと惜しいところがある。A氏はまず書く。

「現物のB二九に飛行機で報復することは、吾等文化人がどんなに歯ぎしりを嚙んだって、及ぶところではない。しかし思想宣伝の飛行機なら、吾等にも又飛ばすことが出来る。

そう思って、編集者の注文に応じて、アメリカ処罰の私案を作ってみた」

なるほど、かかる危機的状況を前に、大日本帝国の勝利を夢みたのは編集者のほうがさき、とわかる。とかく編集者なんてヤツは……とやりたいが、でも本気なんではなく、ヤケのやん八で景気よく大ボラを吹いてみたかったのかもしれない。

「第一。アメリカが英国から独立した時の、十三州の昔に返すこと。第二。そこでその他の諸州はメキシコから掠奪したもの（名目は買ったとなっている）はメキシコに返し、ロシアから買ったアラスカはソ連に返す。第三。ただしカリフォルニア州だけは日本の管理下におくこと。そうでないと、彼がまた太平洋に野心を持つからである。第四。ハワイはこれまた日本の管理下におく。フィリピンは独立しているから、これは問題がない」

まず領土問題から論じているのは、日清・日露戦争のときの講和会議を意識しているからであろう。カリフォルニアとハワイを管理下というが、戦後五十年余の昨今の状況をみると、両州は日本の企業や日本人旅行者によって〝占領〟されている。日本はいまのところ「日米経済戦争」の勝利者としてA氏私案の上をいっている。

「第五。立国の方針はモンロー主義を確守させる。モンロー主義に忠実でなくて、帝国主義的野望を抱くから、それが、世界を脅威しているのだ」

これはなかなかに寛大である。連合国が敗戦日本に押しつけた改革は、これにくらべると過酷なものといえる。国体が変革させられたのであるから。

「第六。大統領はもとの如く二選として、これ以上は許さず。これを破って四選などしたルーズベルトは処罰に処すべきはずなるも、すでに死んだからその遺族を監禁処分する」

卓越した戦争指導者ルーズベルトの出現を四選のせいにしているあたり、この人らしい見方といえようか（ルーズベルトの死は二十年四月）。

さて、いよいよ賠償である。

「第七。アメリカの爆撃で日本の蒙った損害は、まだ発表せられていないが、これは物資で賠償させる。

すなわち、戦前の如く、鉄、石油、メリケン粉など、どしどし運ばせることは勿論《もちろん》、天ぷらの材料、海老や帆立貝なども沢山きていたのだから、殊に海老を、沢山日本人に食わせて、減じた栄養の回復をはからせる。

第八。それから木材。これを多量に貢納させて、東京の家屋を、早く建てなくてはいけない」

外は満目蕭條《しょうじょう》たる焼野原、ほそぼそとした配給でやっと食いつないでいる毎日。ほんとうに腹がへっては戦《いく》さはできない。大きく吹っかけようにも腹に力が入らない。せめて好きな天丼をたらふく食ってみたいよなア、という嘆きがうちにこめられている。

昭和二十年六月、東京では妙齢の女までがはだしで歩くようになっていた。盗難は頻々として生じ、銀座通りの焼け残った電柱に、中年の男が縛られていて上に貼り紙がしてあった。それには、

「焼跡で盗みを働いた不届至極のものである。見せしめのため衆目にさらすものである」

と書かれていた。助けるはおろか、それに目をくれるでもなく、人びとは生きるための努力だけをした。

そんなときである、天ぷらの材料の海老や帆立貝を！　というA氏の叫びは、戦中に少年時代を送ったわたくしの心に重々しく響く。それと一緒に、生つばも溢れてくる。

つぎは、いよいよA級戦犯の処罰である。

「第九。反日の元凶は厳罰とす。グルー、ニミッツ、マッカーサーなど。特にルメイには死刑を宣告す」

これまた泣かせます。あまりにも〝敵〟を知らなすぎる。敵を知り己を知らば……というけれど、これでは負けるはずである。グルー駐日大使がいかに開戦前から日米和平のために心をくだき、身を挺して尽力したか。ハル国務長官の間違いではないかと、思わずわが目を疑った。

そして歌の文句にいう〝出て来い、ニミッツ、マッカーサー〟の二人。A氏はこの二人の名しか知らなかったのであろうか。

ただし、三月十日の東京大空襲で、九死に一生という惨たる体験をした身としては、ルメイ少将の厳罰は賛成である。あの火と油脂によるじゅうたん爆撃の非情さは、〝作戦上から〟という言い訳があったとしても、通らない。それなのに、戦後の日本政府はルメイに勲章を贈って、なにやら感謝の印としている。何たることか。

「第十。日本を毒したのはハリウッドの映画だから、あの興業《ママ》の停止を命じ、その男女俳優は解放させる」

これは恐らく日本人の八割が反対であろう。A氏はろくに映画を観ていなかったにちがいない。

甘い国際感覚

「第十一。アメリカが世界制覇などという非望を抱いたのも、要するに、基本となるべき道徳教育、精神教育が不完全だからである。そこで、日本から教師を派して、武士道、日本史、神道、儒教、仏教、印度哲学などの講義をきかせてやらなければならない。

第十二。中学以上には日本語を必修科目とす。

第十三。アメリカが日本に降伏した日を、贖罪《しよくざい》日と定めて、従来、日本に加えたる暴状——たとえば排日案その他を懺悔させる」

文化政策である。これは比較的よく的を射ていたように思われる。なぜなら、ちょうどこの逆のことをそっくり、戦勝国アメリカが戦敗国日本にやってくれたからである。

「基本となるべき道徳教育、精神教育が不完全」として、神道と武士道を排し、日本史を教えないこととし、儒教や仏教なんかより拝金教と拝権力教をもちこんでくれた。わが身の周りに、東郷さんも乃木さんもまったく知らない若い人びとがどっさりといる。それはそれでいいとしても、自分の国の歴史を知らぬことを恥とも思わない人間をつくったことのほうは、この国の将来のためにも、問題である。

そして「第十三」は、いかにも日本的な考え方なんだの思いを改めて深くした。一億総懺悔をいいだしたのは、だれあろう昭和二十年八月に組閣した東久邇内閣であった。そして八月十五日を贖罪日ときめたし、原爆で亡くなった広島の死没者慰霊碑に「過ちは繰返しませぬから」と刻んだのも、敗戦日本人であった。

「第十四。人種平等の建前から、国内の黒人待遇を一変せしむ。たとえば黒人は代議士でも一等車に乗れない州がある。そんな不都合な差別待遇のないようにさせる。

第十五。その他、アメリカの厖大な富を、人類の堕落のために使わないで、人類の福祉のため使わせる」

この二項には異存はない。

以上が私案の全条項である。A氏はこのあとに長いコメントをつけ、「あまり過酷な条件を強いない方がいいと思う」理由をのべている。アメリカ人は粗野で下品なところもあるが、なお人類のために役立ち得る力量があるから、といっている。裏を返せば、アメリカよ、無条件降伏政策に固執することなく、日本人だっていいところがあるのだから、寛大な条件を出し戦争を終結させようじゃないか、とよびかけていると好意的に解釈できる。

おかしいのはそのあとにある。

「なさけないのはドイツ軍ではないか。死屍《しし》に鞭打つのではないが、東部でソ連軍と戦っていたドイツ軍が、ここで捕虜となったらひどい目にあうと思って、西部戦線に走って、米英軍に捕虜となることを願い出たものが、続々とあるのだ。ところが、捕虜を寛大に待遇することは、かえってソ連の方が声明している。米英はまだ再起できないようにしてやるとの面構えをゆるめない。しかるにドイツはソ連の方を嫌い、恐れていたとは。敵をこうまで、あべこべに判断していたのでは、今日の完敗あるのもまたやむを得なかったであろう」

まだ中立国の立場にあることを装っていたソ連に、細かな気をつかっての論であったかもしれないが、この認識のなんと甘かったことか。明らかにドイツ軍のほうが正しかったことは、歴史が見事に証明してくれている。

ソ連へのおべっかがいくらかあるとしても、実はこの甘い国際感覚が当時の日本人一般にあった。とくに指導層にある奇妙な親ソ感は不可思議というほかはない。それがソ連を仲介とする和平工作の愚挙となり、シベリア抑留の問題をうんだ。日本のほうからソ連へ身を寄り添おうとしたところが、あの悲劇をうんだのである。

第四章

口が過ぎた人びと

近衛文麿・「国民政府を対手とせず」

悲劇の宰相？

細川護熙《もりひろ》氏が1993年に華々しく首相になったとき、氏の顔が似ているせいもあって、近衛文麿のことがしきりに思いだされてきた。とくに細川首相の「侵略戦争」発言を聞いたりすると、昭和十三年一月十六日の、近衛首相の「爾後国民政府を対手とせず」声明をついつい思いだす。国のトップにある人は、およそ信念でもないことをたわむれに発言するべからず、である。

近衛は戦後にその著『失はれし政治』（朝日新聞社。一九四六年）で、こう嘆じている。

「これは帝国政府は国民政府を相手とせずして、帝国と共に提携するに足る新興新政権の樹立発展を期待し、それを以て両国国交調整を行はんとの声明である。この声明は識者に指摘せられるまでもなく、非常な失敗であった。余自身深く失敗なりしことを認むるものである」

また別のところで、

「余が大命を拝した頃は既に満州事変以来陸軍がやった諸々の策動が次第に実を結び、大陸では既に一触即発の状態にあったらしく、余も支那の問題が武力を用いる程に深刻化していたことも無論判らず、組閣後僅か一月を出でずして蘆溝橋事件が勃発し、支那事変へと発展した」

と率直に語っている。もっとも悪いときにそれも知らず首相にかつぎあげられた。それでかれを「悲劇の宰相」とよぶ人もある。

しかし、それはどんなものか。「悲劇」と冠するにはあまりにも近衛は強硬かつ無責任なのである。調べれば調べるほどにその感を深くする。秘書官であった亡き牛場友彦氏が「あの人は、日本で天皇陛下のつぎに自分が偉いと思っていた人なんだな。われわれが庶民の感性や理性で判断しても、当たらないところがあると思わなくては……」とよく語ってくれたが、そうであるならなおのこと、あの危機のときに、かしずかれることしか知らないお公卿《くげ》さんを首相に戴いたことが、日本国民にとってこの上ない悲劇であった、と思わないわけにはいかない。

昭和十二年七月七日の蘆溝橋事件によって日中戦争がはじまったとき、近衛は、軍によって引きずり回された首相なんかではなかった。むしろ軍が顔負けする強硬論者であったのである。二十一日の三個師団動員案の閣議決定も、火元は近衛にあった。組閣早々で張りきっていた首相は、三個師団動員を積極的に支持し軍部に一歩を先んじて、これからの主導権を握ってやろうと考えた。それは書記官長風見章の献策によるものであった。

膨大な組織をもち、戦闘となればその力学が働いてものすごい勢いをともなう軍部の力を、高い身分と地位だけでたいして実力のない近衛が、小手先の芸当だけであやつろうなどと考えるのは、身の程知らずであった。それを近衛はまったくわからなかった。

しかも、調べていてびっくりするのは、この二十一日から近衛はやたらに戦争熱をあおりだすのである。

「今次事件は中国側の計画的武力抗日であることに疑いはない。よって政府は重大決意をなし、華北出兵に関し所要の措置を取ることに決定した」

と軍の強硬派が喜びそうな声明を発しただけではなく、政界はもちろん、東西の財界、言論界の首脳を、毎日のように首相官邸に招いて、近衛みずからが協力を要請した。

ところが、このように強硬になったかと思うと、しばらくして辞職を口にするほど弱気になる。九月二日、支那事変と正式呼称をきめたあたりのとき、近衛がいったい何を考えていたのか。どうにもよくわからない。貴族の心は平民には理解がつかない。しかし、そのわけのわからないところを解くカギは、組閣のときの記者会見で、政治方針として近衛が口にした声明にあるような気がしないでもない。

「国際正義による平和と、社会正義による政策で、各方面の相剋対立を緩和することにある」

この「相剋対立」とは、近衛の歴史観にあっては「持てるもの」と「持たざるもの」の対立、ということになる。それは国際間においても国内問題においてもあてはまる。国際的に国際正義が行われねばならないのに、「持てるもの」米英の援助をうけ蔣介石は、「持たざるもの」日本に挑戦し、平和を乱している。近衛は、そう考えるゆえに、その胸奥で〝支那事変は国際正義のための戦い〟とみなしていたのである。

対蔣介石にたいして強硬論をとなえつづけたのは、それゆえにと思われる。

軍も顔負けの強硬ぶり

いよいよ戦闘がどろ沼化しようとしていたとき、最後のチャンスともいえる駐中国ドイツ大使トラウトマンを介しての講和工作が進行した。このとき、もっとも強硬と考えられていた参謀本部が、この蔣介石を直接の話相手とする和平工作に、強い望みを託したのである。

ところが、せっかく統帥部が平和を望んだのに、なんと近衛が軍も顔負けするほどの強硬ぶりを示したのである。それは勝者としての賠償の要求など、とうてい国民政府がのむことのできない条件をふくめた「支那事変処理根本方針」(十三年一月十一日閣議決定)となって具現した。

すなわち、中途半端な妥協は「昨年来の犠牲を全く無意義に終らしむるものにて」「我より進んで条件を提示し講和を促すことは……彼の侮を受けて彼の戦意を復活せしめ、大害を将来に招く恐あり」といい、

「政府側としては、軍部（参謀本部）がかくの如き拙策を採りてまで講和を急がるる真意を了解するに苦しむ次第なり」（みすず書房『現代史資料九巻』近衛文書）とまでいい切った。これをうけた参謀次長多田駿《はやお》中将の手記が残されている。「常に普通は強硬なるべき統帥府がかえって弱気にて、弱気なるべき政府が強硬なりしは奇怪に感ぜらるるも、真実なりし現象にして、かくなれるは、吾人は一日も早く戦いを止めたしと思えるに、政府は支那を軽く見、また満州国の外形だけをみて楽観したるためならん」

多田次長が書く「支那を軽く見」には、おそらく近衛の高揚ぶりにたいする皮肉がこめられていたことであろう。当時の参謀本部には「戈《ほこ》を止めるを武となす」を真の軍人精神として体す有能な人びとがいた。かれらは多田次長を表に立てて、国民政府の面子《メンツ》を保たせるようにして、日中和平に移行する必要を執拗に主張しつづけた。

その努力も一月十五日までで終わった。前年の十月下旬より継続していたトラウトマン工作はこの日に打ち切られ、翌一月十六日、「国民政府を対手とせず」声明がだされ、日本は長期戦の決意を明らかにしたのである。近衛は『失はれし政治』で、この声明は「外務省の起案により広田外相から閣議に諮《はか》られたもので、……軍部が正面から乗って」と書いて、外務省と陸軍に責任を押しつける。

しかも面白いのは、その一月十六日に小川平吉（元代議士）と、近衛はこんな問答をかわしているのである。

近衛「彼らを相手にせずと宣言したものの、蔣介石が和平をいってきたらどうしたものか」

小川「そんなことは何でもないよ」

近衛「そうだな。そんときにはまた方針を変えればいい」

小川「そうだ、そうだ」

なんと無責任きわまる会話ではないか。そんな軽い気持ちで、国際的に致命傷ともなる声明をだしたというのであるか。多田次長以下の参謀本部の面々がこれを聞いたら憤死するほかはなかったであろう。

にもかかわらず、近衛はぬけぬけと書いている。

「正体無き統帥の影に内閣もまた操られたのである」と。

であるから、わたくしは爾来、貴族や殿様を信用しないことにしている。

尾崎行雄・「売家と唐様で書く三代目」事件

翼賛政治の敵

伊佐秀雄氏の著『尾崎行雄』を、東条英機内閣の翼賛政治会のことを調べようと読んでいたら、戦争中の不敬罪にかんする愉快とも評していい話にぶつかった。孫引きになるがそれをご紹介したい。ことは昭和十七年四月末の、東条内閣において行われた翼賛選挙のときに起こった。ちなみに翼賛選挙とは、東条内閣が議会を自由に操縦すべく、二月に翼賛政治体制協議会をつくり、そこから推薦候補者を多く立候補させ、非推薦候補にたいして陰に陽に政府が選挙干渉を行って落選させようとした、陰険きわまりない第二十一回総選挙のことをいう。

尾崎行雄（咢堂）はもちろん非推薦候補で、三重県下で立候補した。尾崎は自分の選挙区に帰るにさきだって、同じく非推薦の、永年の同志の田川大吉郎のために、日本橋・京橋方面での応援演説を四月十一日から十三日まで、五カ所の演説会場で行った。その内容が不敬罪に当たるとして、第一の会場での演説のときから、すでに官憲の注目するところとなっていた。尾崎は意に介さず平気で、同じ内容のことをつぎつぎと会場を移して弁じたてた。

その趣旨は、翼賛選挙は違憲そのものである、ということを結論として訴えかけることにあった。そのために尾崎は、明治・大正・昭和の三代の治世を論じた。明治天皇ののこした大日本帝国憲法の理想を謳いあげ、それを正しく運用するのが議会の本務であることを説きに説いた。そして現在の内閣の横暴きわまりない政治を痛論したのである。

政府や軍部は、翼賛政治の敵としての立場を鮮明にした尾崎の演説会場に、速記者を派して、激越不遜以外のなにものでもない演説の一言一句を写しとった。

とくに官憲を激怒させたのは、つぎのくだりであった。

「二代目、三代目の子孫が、創業者の苦心経営を体得せず、家を喪い国を亡ぼすことは、全世界の通患である。いやしくも家を思い、国を愛するものにして、これを説き、これを戒めざるはない。その言い表し方は、多種多様であるが、『売家と唐様で書く三代目』というほど適切明快なものはなかろう」

「明治陛下ほどの聰明なお方がおかくれになって、今日は二代目、三代目、この天皇陛下が聴明であることは疑いを容れませぬけれども、しかしながら、明治天皇だけにご聰明でありや否やということは、何人も言うわけにはいかない」

「明治天皇にくらべれば、あるいは大正天皇も今上天皇も劣ったところがあるかもしれません」

演説会場では、立ち会いの警察官が「官憲席」より二度まで壇上の尾崎に、「弁士中止」を大声で命じたが、尾崎は耳の遠いゆえにか演説をやめようともしなかった。怒髪天をついた警察官はカツカツと靴音も高く歩み寄って、ついに「中止」と大書した紙を、壇上の尾崎の目の前に示してやっと演説をとめたが、そのときにはその言わんとするところはほとんど言い尽くされたあとであった。

三重県に帰って選挙運動をつづけていた尾崎に、東京地検から勾引状が突きつけられたのは四月二十一日のことである。地元の検事局での取り調べを希望したが許されず、二十三日朝に尾崎は上京し東京地検に出頭した。逮捕の嫌疑は、すなわち「東京での応援演説において、天皇にたいし不敬の言葉を用いた」ことにあった。とくに「売家と唐様で書く三代目」との卑俗な川柳を引用し、三天皇を比較し奉り、とくに今上天皇を古川柳中にあるいわゆる三代目にあたらせられるの感を与うるがごとき言辞をなした。それは許しがたい不敬罪にあたるというものである。

尾崎は、問答無用とばかりにその夜は巣鴨拘置所の独房に入れられた。逃亡も証拠隠滅も、いっさいその気遣いがないにもかかわらず、八十五歳の老政治家は冷たい獄舎の床の上に身を横たえねばならなかった。

裁判沙汰でも堂々当選

翌日、検事の取り調べがあったのち、「今夜は帰宅してよい」といわれたことに、尾崎は威勢よく喰いついた。

「昨夜私を拘禁したのは、とにかく拘禁の必要を認めたからであろう。ところが今夜釈放というのでは、昨夜の拘禁がなんのためかわからない。釈放が正当なら、昨夜の拘禁は不当とみなければならぬ。法官のやり方は、私どものごとき素人には一切わからぬものである」

検事はこれ以上のないくらい渋い顔をしたという。当然であろう、尾崎は第一次大隈重信内閣のときの文相、第二次同内閣では法相（当時司法大臣）をやっている。その元法相の本人がみずからを素人といい、相手を皮肉っているからである。

東京地検は、この不屈の老政治家を起訴した。二度も大臣をやり正三位勲一等の有位帯勲者の起訴であるから、勅裁をへていることはもちろんで、つまり、天皇の許しをえた裁判事件となったのである。そこでこの報が三重県下に伝えられると、大騒ぎとなった。推薦候補者の陣営などから、

「不敬事件を起こしたものに投票することは不敬になる」

などという選挙妨害的なデマも流され、選挙民は大いに動揺し兢々《きょうきょう》となった。しかし、第一国会いらい五十年、一度も尾崎を落選させなかった選挙民は、このときも賢明であった。非推薦候補の尾崎は堂々と当選する（なお、このときの非推薦候補の当選者は八十五名。それは当選議員の十八・三パーセントにあたる。五月、東条政府は翼賛政治会を結成し、一党独裁的体制を確立した）。

現職の衆議院議員尾崎行雄の不敬事件にかんする第一回公判は、その年の十月

二十六日にひらかれた。そして判決は十二月二十一日、懲役八カ月、執行猶予二年間は、上奏勅裁をへて起訴された重大事件としては、いかにも軽すぎた。しかし、恩典ともいえる刑ではあるが、それを承服する尾崎ではなかった。さっそく上告手続きがとられ、事件は大審院の審理に移された。

あとはこの話のエピローグとしてかんたんに書く。

大審院の判決が下ったのが昭和十九年六月二十七日であった。戦局はサイパン島陥落は必至で、日本帝国に勝利のないことは明白になったとき。そしてその責任をとって東条内閣の崩壊は七月十八日で、尾崎のいうとおり「売家と唐様で書く三代目」がまさに現実になろうとしていた。そして判決は無罪であった。

裁判長三宅正太郎の判決理由はいう。

「(尾崎の) 演説の重点は、明治天皇聖業の奉頌と憲法の擁護にあり、そのかん今上陛下にたいし奉り不敬の言辞をなすの意図のごときは、これを窺《うかが》うべくもあらず。すなわち川柳の引用は国民ことに選挙人にたいする警告にあり、かしこくも陛下が該川柳にいわゆる三代目に当たらせらるるというがごとき不敬の趣旨においてなされたものとは解し難し。むしろその反対に右三代目に当たらせざる趣旨をのべたものなることは、日本は三代目に至りますますよくなりたりと奉頌せるに徴しても、またこれを首肯せしむるに十分なり。単に川柳が卑近なりとの観念をもって、被告人を非難するは、被告人の意図を知らざるの言なりとす。……。

被告人は謹厳の士、明治・大正・昭和の三代に仕うる老臣なり。その憲政上における功績は世人周知のところ、この功臣をして至尊にたいし奉り不敬を加うるの意図のもとに、演説をなしたりとは軽々に断じえざるところとす。……」

これにて一件落着とは、戦時下におけるなんともおかしな川柳的な事件、というほかのないことに、読者の多くは同意されるであろう。

なお、このとき裁判所に提出された尾崎の上申書によると、「売家と唐様で書く三代目」という川柳は、昭和天皇が皇太子のころ、東宮御用係として杉浦重《じゅう》剛《ごう》がご進講したとき、うやうやしくもこれを引用したことがあったものという。

つまり、面と向かっていったのはお構いなしであったのである。

西尾末広・「スターリンのごとく」

社会大衆党と国家総動員法

政治に離合集散はつきもの、とわかっていても、近頃の日本の政界の動きにはウンザリせざるをえない。大臣の椅子欲しさに信条も捨て、遮二無二政権にかけこみ、われこそ与党なりなんて自己満足するのはいいが、実は野心家どもにいいようにされているのに気づいていないらしい。

それはまあ、政治家サンなぜ泣くの、政治家サンの勝手だよ、と茶化して歌ってしまえばそれですむ話。すまないのは、なにやらそのあとにかつての〝大政翼賛会〟みたいな呉越同舟《ごえつどうしゅう》の、わけのわからない政治体制のでき上がってしまうことである。

そして歴史探偵としては、突然に戦前の、第一次近衛内閣が提出した国家総動員法に、社会大衆党がもろ手をあげて賛成に走った話を想いだした。すなわち、国家総動員法案が提出されたとき国会の本会議場で大向こうをうむとうならせ、あげくに除名となった西尾末広の名演説のことを語りたいのである。おそらく本会議場での演説で衆議院議員から除名されたのは、憲政史上かれがはじめてならん。

日中戦争の開始直後の昭和十二年九月、近衛内閣は臨時議会に臨時資金調整法、輸出入品等臨時措置法、そして軍需工業動員法の適用に関する法律、という三法案を提出、これを可決させた。

翌十三年一月、いよいよ「総動員体制」の完成をめざしての国家総動員法案の提出である。国民の徴用、賃金の統制、物資の生産・配給・消費などの制限、会社利益の制限、貿易の制限と、かなり広い範囲の権限を、戦時（事変を含む）においては全面的に政府に譲り渡さねばならない。それは「軍需品を充足して、陸海軍に不断の戦闘力を供給する、と同時に、民需品を補給して、国民経済の運行を確保する」、つまり「国防目的達成の為」になる、というわけである。

これに既成の政党である政友会も民政党も猛反対する。法案の第四条、「政府は戦時にさいし国家総動員上必要あるときは、勅令の定むる所に依り――

することを得る」（原文片カナ）

とある。なんのことはない、これをそのまま利用すれば、勅令（天皇命令）という形でなんだって可能、政府は必要ないかなる統制もどんどん進めていくことができるのである。これは憲法違反となるのではないか、と、政友・民政の両党が果敢に抵抗したのもムベなるかな。

ところが当時にあっては唯一の革新政党といえる社会大衆党は、政府提案に与《くみ》し、さかんな賛成論をぶって回った。

「階級闘争を通じて資本主義を改革しようとする行き方を捨て、国家、民族の発展が、資本主義の改革をそのなかにふくまねばならぬという全体主義の指導理論が、これにとって代わらねばならない」

という、なんともわけのわかったようでわからない方針を打ちたてていた。

行き過ぎた名調子

衆議院での審議は大もめにもめた。三月十七日に、いよいよ最終審議。衆議院の本会議場で、西尾末広が党の方針のもとに賛成演説をぶちあげたのである。

「私は、社会大衆党を代表し、本法案に五個条の希望条件を付して、賛成の意を表したいと思うのであります」

以下は滅茶苦茶に長くなるから省略するが、「いまや世界は、個人主義より相互主義へ、自由主義より統制主義へと進展しつつある」とか、「歴史的使命を果たすために、いまや躍進しつつある日本にとっては、国防の充実が絶対に必要である」とか、「労働者は労働をもって国に報じ、財力のある者は財力をもって国に報ずるとの愛国心の具体的表現と、これを組織化し、総動員法によらざれば、今後の戦争に勝利を博することはできない」とかとか。

ただたんに文字面だけみては、とても革新派の演説内容とは思えない文句がずらりとならんでいる。いかなる魂胆あって、こんなに政府に媚びを売るのか。確固たる思想者の集団とみたのに、所詮は憤懣をひそかに抱きつづけた権力亡者の集まりでしかなかった、ということか。どことなく昨今のどこかの党を思わせないでもない。

演説は西尾の名調子もあり、大過なく進んだ。問題の起こったのは、いよいよ結論にさしかかったときであった。

「それはさる三月十四日は、五箇条の御誓文の七十年目にあたるのであります。〝わが国未曾有の変革をなさんとし〟と御誓文の冒頭に仰せられているのでありますす。まことにしかり、今日においても、わが国は未曾有の変革をなさんとしている。御誓文のなかには〝旧来の陋習《ろうしゅう》を破り、天地の公道にもとづくべし〟こういうご趣旨もうたわれているのでありまして、この精神を近衛首相はしっかりと把握いたされまして、もっと大胆率直に、日本の進むべき道はこれであると、ヒトラーのごとく、ムッソリーニのごとく、あるいはスターリンのごとく、大胆に日本の進むべき道を進むべきであろうと思うのであります。今日わが国のもとめているのは、確信にみちた政治の指導者であります」

西尾の演説の最後のほうは、もう怒号と机を叩く音などでほとんど聞こえなかった。「ヒトラーのごとく」といったとたんに、議場は蜂の巣を突っついたようになったのである。西尾はかまわず最後まで獅子吼《しく》して降壇した。席に戻り、はじめて「ヒトラーのごとく」以下が問題となっていることを知り、再発言を求めて登壇、そのくだりを全部とり消す旨を述べた。が、政友・民政両党議員は承服せず、大混乱のうちに議長はその場で「西尾議員を懲罰の議に付する」と宣言、これを収拾するのに大わらわとなった。

国家総動員法は、こうした大混乱のあとに、この日衆議院を通過し、日本を引っぱっていく原動力となったことは、すでによく知られている。

法案通過とひきかえのように、西尾の衆議院議員除名はほとんど自明のこととなった。「スターリンのごとく」とは、近衛首相に共産主義をやれ、とすすめたにひとしい。また五箇条の御誓文について「うたう」とは何事か、皇室にたいし不敬千万この上ない。懲罰委員会は西尾の弁明など聞く耳もたずであった。

三月二十三日、衆議院本会議に西尾除名案が上程され、いっきに可決の運びとなる。西尾は約五十分間にわたり、懲罰の不当を訴え真意を説いたが、ほとんどが怒号で消しとんだ。

いよいよ政治が一党支配の大政翼賛会への道を歩もうとする前の、ちょっとした空騒ぎの茶番劇といえないでもない。真の指導者なく、寝業師の策士や政治ゴロに、おみこしのようにかつがれるエセ指導者の時代の話で、歴史の教訓にはならないかもしれない。

西尾弁明演説のあとに登壇した尾崎行雄の、西尾擁護の演説だけが、ちょっと爽快な感を与えてくれる。

「そこで私も言おう。近衛首相は自信をもって、ヒトラーのごとく、ムッソリーニのごとく、あるいはスターリンのごとく、大胆に日本の進むべき道を国民に示して指導せられたい。……西尾君はこの言葉をとり消したが、私はとり消さない。西尾君を除名する前に、私を除名せよ」

もちろん尾崎は除名にならなかった。

第五章

戦時外交の決断と誤断

石原莞爾が左遷されたワケ

蘆溝橋での〝運命の一発〟

天才的な戦略家石原莞爾《かんじ》は、昭和十二年七月七日、日中戦争の発端・蘆溝橋事件が起こったとき、少将に進級、参謀本部第一部長（作戦部長）に昇任したばかりであった（十二年三月）。その最重責の立場にあって、日中戦争の拡大に猛反対してたちまち陸軍中央を追われ、没落していったというのが定説となっている。

その背景に、陸軍内部での石原にたいする悪感情の累積があった。満洲事変での水際立った指揮ぶり、二・二六事件では作戦課長として討伐論の先頭に立ってこれを無血鎮圧、さらに事件後に矢つぎ早に打ちだした諸構想——軍内外からの圧倒的人気が集中して、石原はポスト二・二六最大の実力者となっていた。否応なく反石原派の軍人たちは面従腹背で沈黙せざるをえなかった。この忿懣《ふんまん》が、蘆溝橋での〝運命の一発〟を契機に、日中戦争の処理をめぐって噴きだしたのである。かれらは石原に公然と反逆した。

当時最年少の作戦課員であった井本熊男大尉の、戦後の手記にはその様子がはっきりと記されている。

「(事件の翌朝)石原は作戦課に来て、今日の支那は昔の支那ではない。戦えば日本は泥沼に足をつっこんだ如く身動きもできなくなると説いた。武藤(章大佐・作戦課長)は渋い顔をして聞いていたが、石原が出て行くとやおら電話を取りあげて『ウン、田中(新一大佐・軍事課長)か。面白くなったね。大いにやらにゃいかん。しっかりやろう』と課員に聞こえよがしに話す」

直属の部下にしてすでにこの反抗なのである。石原の威令は、蘆溝橋の一発とともにけしとんでいたことが察せられる。

ということは、最大の実力者をも押しつぶしてしまうほどに、中国を断固討つべしの声が、軍内部はもちろん、世論となっていたからにほかならない。

海軍の長老である末次信正大将の意見が、ごくごく一般的な考え方の代表といえようか。

「石原は不屈千万だ。何を弱いことをいっているのか。そんなことじゃ、あの生意気な蔣介石をますます図に乗らせるだけとなる。一度思いっきり叩いてやらんと、わが国を軽蔑するばかりとなる」

つまり、生意気だからぶっ叩きたい、という尖鋭的な感情論である。

七月十一日、近衛文麿内閣は朝鮮・満洲から二個師団、内地から三個師団の派兵を決定した。「今次事件はまったく支那側の計画的武力抗日なること、もはや疑いの余地なし」と声明、各界の代表を招いて臨戦体制をしいた。近衛は、中国の対日抵抗は一撃のもとに屈伏させることができるという陸軍の〝対中一撃論〟に乗ったのである。

この三個師団の動員は、実は作戦部長たる石原が起案し、決裁をもらい、下令の処置をしたものであった。蔣介石の中央軍北上の情報に、石原も一度は戦争を決意したことを示している。しかし、石原はこれを終生の痛恨事とするほど後悔し、現地情勢の好転を理由に二度も動員中止を発令するなど、全面戦争への拡大を防ごうとそれ以後は必死でかけまわった。そして声を大にして不拡大を説きまくった。

先見あるがゆえに

　さて、ここまでの事実は、しばしば書かれてきている。石原が七月十日に派兵案を下令しなければ、という石原ファン派の嘆き節も多く聞かされる。けれども、不拡大で必死になった石原のナマの声は、今日まであまり伝えられていない。

　時をハッキリ確定できないのであるけれど、昭和四十年ごろのある日、石原と肝胆《かんたん》相照らす仲、というより唯一の政治参謀でもあった浅原健三に会い、その話を聞いたときの取材メモがある。浅原といえば、『熔鉱炉の火は消えたり』の著書で知られるとおり、大正九年の八幡製鉄の大争議を、二十三歳の若さで指導した人。その後転向し、森恪《かく》の知遇をえ、軍の上層部とも接触し、作戦課長時代の石原と相知った。その浅原は、蘆溝橋事件直後に石原の命でとびまわり、事変不拡大のために奔走した。そのときの思い出を浅原が語ったものである。

「あれは七月十六日の夜でした。私は石原につぎのように直言した。人生は一度しかない。その人生に精魂を尽くして当たる仕事は、一代に一回あればその人生は本懐をとげたといえる。私はこの事変不拡大のため、全生命を賭けます。閣下もなぜに反対されるのか、軍機の極秘にわたろうとも、真実をうちあけて、私の納得のゆくまで教えていただきたい。と、そう石原にいったんです」

石原は「自分としてもいまや関頭に立たされている。おそらくオレはやられるだろう。それゆえにいっそう決心して初志貫徹に努力しよう」といい、考えていることのいっさいを語った、という。

その石原説は、要約すると、第一に日本の陸海軍の現有軍備は、いかなる国とも長期戦に堪えうる兵力を保持してはいない。第二に、第三次五カ年計画に入っているソ連の、極東兵力にたいしても、満洲・日本にある日本軍兵力は対抗できない。第三に、日本の軍事生産力はあまりにも微弱である。飛行機も軍用トラックも、その生産力は心細いかぎりである。そのほか鉄、重機械も物の数にいたらない。石油の貯蔵も僅少である。第四に武器が不足。弾薬も不足。被服も軍靴も不足。百万の兵力をまかなうことは、まったく不可能である。

「そして石原は最後にこういったんだ。『蔣介石は相当の戦略家であり、かれは事変をかならず長期戦にもちこむにちがいない』と。ほんとうによく先を見通していたね」

すなわち、そうなったとき、中国大陸はあまりに広大にすぎる。抵抗するものは撃破できても、広大な大地を利して逃げていくものには、追うものは奔命に疲れる。広域な沼沢地帯、無限の山岳地、鉄道もなければ道路もない。全大陸を縦横に走るクリークは、世界無比の迷路である。日本の単純な水路や道路しか知らない日本兵には、不可解きわまるナゾの大地である。

それゆえに、この戦争は南京を攻略しても終わらない。十年ついやすとも、なおかつ解決点がない。多くの利点をもつ守るほうが勝ち、結局は攻めるものが敗北する。戦うことを知って退くことを知らぬ日本は、かならず敗戦の憂き目をみる。

自動車の生産力は年産二万台、飛行機は千機、鉄は四百万トン、石油三百万トン、この貧弱な国力のいまの日本は、戦争の冒険など夢想だにすべきではない。これからの三十年間は辛抱して国力をつけていく。そして中国とは提携協力していかなくてはいけない。最終目標はソ連なのであるから。礼をもって接すれば中国はかならず日本を理解してくれる。中国とは堅く協力すべきであり、中国とともにアジア同盟を考え、世界政策を考えていくべきである。

「そして石原は最後にこういうんですよ、『自分は秩父宮殿下を説得し、軍を屈服させてみせる。君には政界方面の説得を頼む』とね。大地図をひろげ、数字をならべて、文字どおり夜の更けるのも知らずに、私は聴き入りましたね」

これが浅原健三が語った石原のナマの声ということになる。

こうした先見も容《い》れられず、いやこの先見あるがゆえに石原は中央を追われた。結果として、精細緻密な戦理を無視し、曖昧いい加減のままに、ただ勇ましい〝対中一撃論〟のみがひとり歩きしてはじめられた日中戦争は、半年後には石原の予言どおり「長期持久戦」に戦術転換せざるをえなくなった。

昭和十二年七月七日に日中戦争がはじまった直後、ときの陸相杉山元《げん》大将が、

「事変は一カ月で片付くでありましょう」

と天皇にいった。いざというときに強烈果敢な一撃をもってすれば、蔣介石の国民政府などたちまちに屈服するとした〝対中一撃論〟を見事に語っている。

それにつけても歴史探偵としては、いま改めて、石原の最後のほうの言葉「自分は秩父宮殿下を説得し」に注目しないわけにはいかなくなった。はたしてこの事実はあったのか否か。あったとすれば秩父宮はどう答えたのか。あらたなナゾ

がうまれてきた。

斎藤博・パネー号事件の謝罪

パネー号撃沈事件

昭和が終ってもう二十年以上になっているのに、いぜんとして日本の戦後処理の不備をつくような問題が外国から提起されている。歴史探偵としてはそれにつられてパネー号撃沈事件のことがふと思いだされ、改めて調べてみる気になった。

これがいかなる事件なるか。当時の新聞に報ぜられたのを読んでみるのがいちばんわかりやすい。昭和十二年十二月十三日の夕刊に、第三艦隊（のちの支那方面艦隊）報道部発表のつぎの記事が、「上海特電」として小さくでている。

「十一日夕支那軍汽船にて南京を脱出上流に向ひたりとの報により、これが追撃爆撃に向ひたる海軍航空隊は、スタンダード（石油）会社汽船三隻を誤認し爆撃を加へ、該汽船及び傍にありたる米艦一隻を沈没せしむるの不祥事を惹起せり。右の事件はアメリカ海軍に対し誠に遺憾千万のことにして、長谷川長官は之に関する一切の責任をとるため直《ただち》に適当の措置を講じつつあり」

ここにある「米艦一隻」が当時揚子江上にあったアメリカ海軍の砲艦パネー号である。記事はごく小さく組まれているから、当時ほとんど注目する人はいなかったかもしれないが、日中戦争がはじまって以来、いっそう複雑さをました日米関係を一挙に破局にまで追いやってしまうような大事件であったのである。当事者である日本海軍はもちろん、外務省もまたあたふたとし、当時の近衛文麿内閣は対応に窮して頭をかかえて立往生という状態になった。

ことの次第をちょっとくわしく書くと、日本陸軍の十二月十二日に予定している南京総攻撃に先立って、十二月九日、日本の上海総領事岡本季正《すえまさ》は諸外国の外交団・領事団にたいして、揚子江とその沿岸各地にある船舶や車両などを交戦地域外に移転し、「帝国軍ノ第三国財産尊重ノ努力ニ協力セラルル様」にと、あらかじめ通報した。これにたいして、アメリカの上海総領事よりの返報があった。「十二日午前九時、パネー号は砲弾の危険を避けるために、南京の上流二十七マイルの地点に移動、スタンダード・オイル会社船三隻もその付近に移動した。なお状況によってはさらに上流または下流に移動すべきも、できうるかぎり速やかに南京残留のアメリカ人と連絡をとるため、南京付近に戻りたい」

この通達は十二日正午ごろには日本領事館にとどき、それにもとづいて岡本総領事はただちに陸海軍の各総指揮官に右のことを伝達した。ところが、日本軍の総攻撃を前にいち早く、汽船などで南京城を脱出、揚子江上流へ逃げようとした中国軍を追撃せんとした海軍航空隊が、まさしく通報どおり南京上流二十七マイルの地点にあったパネー号ほか三隻の艦船に猛攻をかけてしまったのである。これが午後一時二十五分、しかも五回にわたる爆撃によって、パネー号を撃沈、「商船三隻を火災もしくは沈没せしめたり」という戦果をあげた。

それというのも、岡本総領事の通達をまだ入手していなかったから、という理由がつく。さらに、脱出する中国軍将兵をのせた中国側の船と誤断されたゆえ、という。それは決していい逃れの弁ではなく、爆撃行に参加した奥宮正武元中佐もはっきり〝誤認〟であったことを証言している。また、第三艦隊旗艦の「出雲」によばれたとき、褒められるものと思い意気揚々として出かけたのに、こっぴどく叱られたことをぼやいていた当時の搭乗員の回想も残っている。かれらは中国軍の砲艦ほかを撃沈、殊勲をあげたものと信じこんでいたのである。

ところが、ほとんど時を同じくして、陸軍が南京の上流にある蕪《ぶ》湖で、イギリスの砲艦レディ・バード号にたいし砲撃する、という事件を起こしていた。指揮をとったのが野戦重砲兵第十三連隊長の橋本欣五郎大佐という陸軍きっての暴れん坊であることが、始末に悪かった。

外相広田弘毅は十三日午後、みずから米国大使館に赴いて、米大使グルーに、帝国政府の名において深甚なる遺憾と陳謝の意を表明した。グルーの日記『滞日十年』にはこう書かれている。外相自身が大使館にくるのはまさしく「前代未曾有のことで」あり、そして「これが中国の飛行機によるものかもしれないなどと見せかける努力は全然なさず」きちんと詫びた上で、

「広田は日本人が感情を面《おもて》に現しうる最大限度に、心底から心を動かされたらしく見受けられ、〝われわれがこの事件をどんなにひどく感じているか、言葉ではいえない〟といった」

これによって広田が誠心誠意に謝罪したことがみてとれる。さらに外相は、駐

米大使斎藤博に訓令し、ハル国務長官にたいして遺憾の意を伝えさせた。

事件は、当然のことながら、アメリカ国民をして大いに憤激せしむるものであった。事実、駐華アメリカ大使は「日本海軍機は、キンゴロー・ハシモト陸軍大佐の要請をうけてアメリカ軍艦を攻撃した」とワシントンに報告している。米海軍査問委員会は「当日、天候は良好、視界極めてよく」誤爆など考えられないとした。もし、爆撃が意図的とみなされることは、即戦争の危機をはらむ。グルー大使も「あるいはこのまま戦争へと移行するかもしれない重大危機」と認識し、その日記に暗い文字を書きつらねている。

しかも、レディ・バード号砲撃に抗議した英艦隊司令長官にたいし、問題の橋本大佐が「交戦区域に進入する船舶はいかなる国の艦といえども砲撃するのみ」と答えた、という報が伝わるに及んで激昂は頂点に達した。パネー号誤爆事件も実は意図的な爆撃であったのではないか、という疑念が、ほとんどのアメリカ国民の胸に湧き上がっていた。

あっぱれな謝罪

斎藤大使がなさなければならない謝罪は、それゆえにきわめて微妙であった。なぜなら、当時の米国務省は、中国の立場により深い理解を示し、日本を敵視する極東部長ホーンベックの支配するところであったからである。ハル国務長官もまた、ホーンベックの考えに同調することが多かった。パネー号事件はそれら対日強硬論者にとっては、この上のない日本攻撃の好材料であったのである。しかもアメリカは、その過去において、一八九八年にキューバ沖で軍艦メーン号が爆発沈没したとき、ただちにスペインに宣戦布告した歴史をもっている。

外務官僚のなかでも指折りの対米協調外交論者である斎藤は、直面した困難にひるむような男ではなかった。日米協調のためには火中に身を投じるも辞さない心意気もあった。それゆえに事件第一報に接したあとの行動は迅速そのものである。外相の訓令のとどく以前にすでに動きだしていたのである。そのことについて、当時大使館で働いていた坂西志保が『文藝春秋』に書いている。

「揚子江の沿岸でアメリカの戦艦《ママ》パナイ号が日本軍の襲撃にあい沈んだ。わっと世論がわき起こって、みんな数時間どうなることかと思った。日米戦争？　悪くするとそうなる可能性は多分にあった。大使館では本国からの指令を待っていた。時間は徒《いたず》らに過ぎて行き、取返しのつかぬ重大事に発展するかも知れない。大使はご自分の責任でアメリカという大きな牛の角にかぶりつき、勇敢に取組む決意をした。大使に電話で頼まれ、私は啄木の〝はたらけどはたらけど猶生楽《くらし》楽にならざりぢっと手を見る〟を訳して大使館に駆けつけた。

一時間後に全米中継放送で斎藤大使はアメリカの全国民に訴えた。三分五十二秒の放送であったが、心の底から湧いて出る大使のまことに打たれ、パナイ号の危機は一応去った」

斎藤大使が自分の判断で行った全米ラジオ放送の内容の一部は、春山和典氏の『ワシントンの桜の下』によれば、こうである（なお春山氏は三分四十秒としている）。

「詫びて済むことではありません。が、損害について、お金で解決できる部分があるならば、日本政府はいかなる条件にも応ずる用意があります。そのことは、アメリカ政府とも、充分、話し合いをするつもりです。日本は、アメリカに較べると、はるかに貧しい国です。働きずくめに働いても富める国になることは、なかなかに難しい。しかし、いかなる犠牲を払っても、日本政府は今回のお詫びをしたいと考えています。そして二度と、再び、日本の軍隊が間違ったことをしないように日本政府は、陸海軍を厳しく監督するつもりです」

また、米国メイスン社制作のビデオ「日米戦うべからず」には、実際に斎藤が英語で放送したときの音声が、一部収録されている。

I am very sorry to receive the report that the American gun-boat Panay has been bombed and sunk by Japanese naval airplanes in the Yangtze River about Nanking. It was a great mistake. The Japanese Government and people wish to express their sincerest and profoundest regret to the American Government and people on account of this deplorable incident.

おそらく、この英語内容のあとに、春山氏が書いているようなことを加えて、斎藤大使は米国民に率直に詫びたものと思われる。「働きずくめに働いても」あたりに、坂西志保の書く啄木の歌を入れ、まさにあっぱれなるあやまり方である。しかも本国政府からの訓令の届く前に、というところに意味がある。

同じように、あっぱれな謝罪を示したものに海軍がある。軍艦が出動し、米艦船の遭難者の救助にあたっている。また軍務局長の井上成美《しげよし》少将は外務次官堀内謙介をたずねて、

「海軍としては、できるならアメリカ大統領と英国皇帝ジョージ六世にたいして親電を発して詫びていただきたい」

という申し入れをしている。

そして問題解決の衝にあたった海軍次官の山本五十六《いそろく》中将は、

「海軍は、ただ頭を下げる」

と、率直この上なく一言にいい、責任者である第二連合航空隊司令官の三竝《みつなみ》貞三少将をすぐに更迭してしまった。少将はのち退役処分となる。冒頭に引用した第三艦隊報道部発表も、山本次官の指示によるものであった。国際法の上からも、国際上の儀礼の意味からも、海軍はこのようにす早い処置に及んだ。しかし、夜郎自大となっている陸軍は、橋本大佐になんらの処置をとろうとしなかった。

日本国民の誠意

日本国民は、しかし、そんな陸軍中央よりはるかに健全な国際常識をもっていたのである。この事件が報じられると、二十三団体、三十五名の民間有志からなる団体協議会が弔意を表し、弔意金の募集を開始した。その結果、三万円を超える拠金が計上された。公務員の初任給七十五円のときの三万円である。そして多くの人びとがアメリカ大使館をたずね陳謝し、全国の小学生から送られてくるお詫びの手紙が、グルー大使をびっくりさせている。『滞日十年』十二月二十日のところにはこう書かれている。

「パネー事件の最初のニュースが来て以来、当大使館に代表者、訪問者、手紙、義捐《ぎえん》金が殺到している。あらゆる階級、職業の人々、政府の高官、医師、教授、実業家から学校の子供に至るまでが、彼等自身の海軍がやったことに対する恥辱と謝罪の言葉と遺憾の意を表明しようとするのである。一人の立派な身なりをした婦人は大使館事務室のドアの裏にかくれ、髪をバサリと切ってカーネーションの花一輪を添えて差出した。これは夫と死別した女性が喪にあることを示す古いジェスチュアである。別の日本人は彼の祖国の恥に慟哭《どうこく》した。(中略)すくなくとも深く心に触れるものがあり、日本人は心中いまだに武俠の人々であることを示している」

こうした海軍省と外務省と、そして日本国民の、武士道精神を具現したような誠意の発露により、パネー号事件はそれ以上の紛糾をみせることなく、賠償金総額二二一万四〇〇〇ドルで、約二週間後に解決した。事件の重大性に比してなんと早い解決であったことか。事件落着とともに、十二月二十六日夜、山本が次官談の形式で公表した文書が残っている。

「『パネー』号事件は本日米国大使より外務大臣に致せる回答を以て一段落を告げたる次第なるが、右は事件発生以来各種誤解宣伝の渦中に於て、米国政府並に其の国民が公正明察克《よ》く事件の実相と我方の誠意とを正解したるに依るものにして、事件の責任者たる帝国海軍として洵《まこと》に欣快に堪へず。又、本事件発生以来我国民が終始冷静にして理解ある態度を持したることに対し、深甚なる謝意を表するものなり。(略)」

これは戦時下の万事において武張ったときにあって、可能な範囲で、山本が自分の考え方をはっきりと示した文章のように思われる。

卑屈でなかった斎藤と山本

さて、周知のこともふくめてパネー号事件のことをくわしく書いたのは、国際問題化した事件にさいしていかに迅速果敢に是非の立場を明確にし、非であるならばこれまたただちに率直明瞭に陳謝することが大事であるか、この事件に歴史的教訓がある、と思うからである。

この場合、注目すべきは、ワシントンの斎藤大使が、陳謝はしたが卑屈ではなかったことである。自己の職を賭しての放送のあと、外相よりの訓令をうけてハル国務長官に面会し、日本政府の名において遺憾の意を表明した。そのときハルから大統領よりの伝言として手交された文書の中に「無差別爆撃」(the news of indiscriminate bombing of American and other non-chinese vessels on the Yangtze)の表現があったことから、いったんは帰ったあと再びハル長官を訪れ、無差別爆撃ならざることを正式にはっきりと伝えている。あやまりはしたが、誤ったことが歴史的事実と残ることには、断固として反対しているのである。

山本次官もまた堂々としていた。今後このようなことが再び起こらぬようにとの目的で、十二月二十二日、米国大使館でグルー大使を交え日米両海軍の武官会議がひらかれたが、山本はみずからが出席し日本海軍の公式見解をのべている。非難される側としてはおよそ憂鬱この上ない会議に、余人にあらず次官自身が出席するあたり、責任感旺盛な山本の本領がある。

と、以上、大いに文を舞わして褒めそやすのも、実は魂胆がある。というのは、山本も斎藤も旧制新潟県立長岡中学校卒であるからである。山本は斎藤の二歳年長。そしてかく申す小生もまた長岡中学校卒、この正々堂々たる二人の後輩なんである。敵は本能寺にあり、というが、おごそかな歴史的教訓なんかよりも、このことが書きたくてパネー号事件をとりあげたネライのほうがむしろ強い。

山本と斎藤は若い日から知友、というより生涯を通じての莫逆《ばくぎやく》の友であった。昭和五年のロンドン軍縮会議には、海軍省と外務省からのそれぞれ随員として出席し、よく議論した。「気の合った両人は毎晩故郷の長岡弁丸出しで、時間のたつのも忘れて気持ちよく話し合った。両人はどういうものか実にすべてのことに気がぴったりと合った。只一つ違ったのは、俺はアルコール党に対し、山本さんは甘党であったことだよ」とは、斎藤の回想である。

このアルコール好きがわざわいして、それといかに現地で努力すれども、日本政府の変転する政策のため次第に浮き上がった自分の〝対米協調外交〟に絶望し、大使退官（十三年十二月）ののち日夜の深酒となり、斎藤は昭和十四年二月にワシントンで客死した。アメリカ政府は前例を破って前大使の遺骸を巡洋艦アストリアにのせて、横浜まで礼送する。斎藤は死にのぞんで「ボクは終始、日米関係をよくしようと思ったがダメだった。これからもダメだろう」と語ったという。

パネー号事件では、斎藤も山本も、日米協調に明日の日本があると、同じ心を抱いてその責任をはたした。対応のしようによっては大いにこじれ、戦争の一歩手前までいったかもしれない事件での、この二人の先輩の嘘も誤魔化しもない堂々たるあやまりぶり、後輩としてはいささかいい気持ちで書いている（元長岡高校校長大西厚生氏の一文に拠るところが大きい。感謝する）。

野村吉三郎・孤立無援の駐米大使

外務省の内情

昭和十六年の対米英開戦を前にしての、ワシントンでの野村吉三郎駐米大使の苦労は、調べれば調べるほど察するに余りあり、深い同情を禁じえなくなる。やれ英語が下手だからとか、外交オンチであったとか、とかくの評をいう人があるけれども、そんなのは何かタメにするものがあるか、あまり事情を存じないゆえのものと考える。

当時の霞ヶ関は、野村大使にまったく協力的ではなかった。なるほど外相東郷茂徳、次官天羽英二（のち西春彦）、アメリカ局長寺崎太郎（のち山本熊一）と対米英協調派がトップに顔をそろえているようにみえる。しかし、よくみると外務省内には若手、中堅を中心にした親ドイツ派、対米英強硬派が蠢動《しゅんどう》し、たえず上を衝きあげ、外交政策の実行をままならなくしていたのである。

たとえば、七月末の日本軍の南部仏印進駐にたいし、八月一日に米国は石油の全面禁輸という戦争政策で対応してきた。ときの首相近衛文麿は最後の手段として、日米最高首脳の直接会談によって局面の打開をはかろうと決意する。

外務省トップもそれを諒とし努力する。しかし、このとき、軍部の若手や中堅による近衛外遊反対の動きに呼応して、調査部課長藤村信雄や文書課長重松宣雄、アメリカ一課員平沢和重（いずれも肩書は当時）ら省内〝枢軸派〟の反対の動きは熾烈《しれつ》なものであった。寺崎アメリカ局長は、結城司郎次アメリカ一課長らとともに、このため省内では動きがとれず、都内のホテルの一室に籠城、つねにピストルを携帯して問題処理にとり組んだ、と戦後の手記で回想している。

戦後になって、軍部の暴走については完膚なきまでに断罪された。ところが、およそ外務官僚にかんするかぎり戦後処理がよほど巧みであったのか、不問に付されている。国際的な政策が策定されるにさいしての当事者は、ほかのだれでもない外務官僚である。満洲事変から、と限ってよい、対米英戦争への道を一歩一歩きりひらいていった責任の半分くらいは外務省にあった、といってもいいのである。

その外務省にはもう早くから、軍部の対米英強硬派と歩調を一にする革新官僚がぞくぞく誕生していた。

かれらは、大正のワシントン軍縮会議後の世界体制は米英によって好き放題に主導されていると考える。昭和の日本がアジアの盟主として生きていくためには、すなわち建国いらいの国是ともいうべき「東亜新秩序の建設」のためには、このワシントン体制を打破しなければならない。となれば、米英との対立相剋は歴史的に必然である、という結論に達する。そのために日独伊（ソ）が同盟し、米英も挑戦することのできない最強の結合をつくらねばならない、とするのである。

ところが現状はどうか。米英による中国援助をはじめとする経済的な、かつ軍事的な、さまざまな圧力のもとジリ貧の一途をたどる日本。これを何とかしなければならない。こうして軍部の対米英強硬派に同調し、外務省の若手官僚たちは革新派というべきグループを形成していった。

人事異動で荒療治

と、ごく大ざっぱに解説しておいて、話をいきなり野村吉三郎にもっていく。それは昭和十四年九月、ときの首相阿部信行はいささか強引ともいえる決断で、外務大臣にシロウトそのものの海軍大将の野村をすえた。これは外務省を仰天させるような人事であった。すでにヨーロッパでは第二次大戦がはじまっており、世界情勢のただならぬときの軍人外相の登場である。しかも新外相は海軍部内では〝対米英協調派〟に属すると目されていた。結合を固くしはじめていた革新派がこれを快く思うはずはない。しかも、野村は、天皇の特別の期待をうけているといわれた。革新派はいっそう警戒を強めた。

そんな内部情勢をまったく意に介せず、外相になった野村がやったことは革新派には到底許すわけにはいかないことばかりであった。まず人事異動である。新次官に対米英に柔軟な考えをもつ谷正之をすえると、野村はこういった。

「革新派とかなんとか称する白鳥敏夫一派の若いものは、それぞれ外に転出させて、今年中にほとんど全部中央から外に出ることになる。すべて徹底的にやる」

そしてその言葉どおり実行した。アジア局長栗原正はスイス公使へ、情報部長河相達夫をオーストリア公使へ。また親ドイツの〝元凶〟である駐独大使大島浩、駐伊大使白鳥敏夫を召還、後任に来栖《くるす》三郎（ドイツ）、天羽英二（イタリア）を起用する。

野村はこの荒療治をすませ、これまでの枢軸外交から自主外交へと転換することを大きく打ちだした。

しかし、その途端であった。十月早々、阿部内閣が打ちだした「貿易省」構想に、外務省の全部局が反対したのである。そして同月十一日、すでに辞表をだした通商局長松島鹿夫のあとを追って、課長以下の有資格官僚百三十人が谷次官に辞表を提出、という外務省はじまっていらいの大騒動となってしまった。外務省から通商交渉の権限を奪うものゆえ、この〝暴挙〟に抗議する、というのはたしかに正当性があった。

さすがに阿部首相も、百三十の辞表を突きつけられては、面子の問題なんかではなく、原案撤回せざるをえなかった。これで騒動はおさまったが、外相野村のとなえる自主外交路線は、その出鼻を容赦なくくじかれる結果となった。ことは対米英協調か独伊路線推進か、といった政策とはまったく別の問題に発したものであったが、この白紙撤回はある意味では革新派による大いなる反撃の一歩となったのである。

野村・グルー交渉をはばんだもの

さらに野村の対米英協調の構想をぶちこわす部内からの反対運動があった。それは十一月から、野村が積極的に駐日アメリカ大使グルーと話し合いをはじめたことに発する。野村は日本の〝東亜新秩序声明〟(十三年秋)いらい険悪化してきた日米関係を、なんとか話し合いによって調整しようと、みずからのりだしてきたのである。それにたいし、すでに前内閣のときから省内にできていた「対米政策審議委員会」がことごとに反発し、野村の足をひっぱった。

野村も谷も、迂闊《うかつ》というよりもほかにやらねばならないことが多すぎて、そこに手をつけなかったが、この委員会のメンバーは、調査部長松宮順を委員長に、委員や幹事に名だたる革新派の面々がその顔をそろえていたのである。これが野村の構想、たとえば軍の要求でそれまで閉鎖中であった揚子江の一部を、米英の商船に開放するといった政策を、受けいれるはずがなかったのである。

委員会は一致して、通商航海条約の廃棄をちらつかせるアメリカの嫌がらせ外交を、強烈に批判した。野村がなんとか条約延長の暫定案の締結を、とグルー大使と話し合っているそばから、鼻息も荒く〝アメリカなにするものぞ〟のでっかい花火が打ちあげられていたのである。これでは野村・グルー交渉がスムーズにいくはずもなかった。ほんの数回で中断、そして十二月二十二日、アメリカは正式に日米通商航海条約などの廃棄を通告してくるのである。

こうした過去の歴史的事実を背景において みると、そのシロウトの野村が外相辞任後わずか一年で、またしても起用されて、駐米大使として日米交渉の衝にあたる、これに外務官僚が親身になって協力、なんてことはありえようはずがなかったのである。

ちなみに主なる外務官僚を、ちょっと強引ではあるが、いろいろな本で調べた範囲で区分けしてみる。

〈米英協調派〉幣原喜重郎、佐分利貞男、重光葵《まもる》（のちアジア派へ）、堀内謙介、芦田均《ひとし》、藤村信雄、福島慎太郎、平沢和重（藤村、福島、平沢はのち対米英強硬派へ)。

〈アジア派〉(中国進出は宿命。ただし米英協定のワクの中で)有田八郎、斎藤博、谷正之。

〈大陸派〉(中国での日本の権益は守る。ただし外交手段で)松岡洋右《ようすけ》、斎藤良衛、吉田茂(のち米英協調へ)。

〈対米英強硬派〉本多熊太郎、白鳥敏夫、栗原正、松宮順、佐藤忠雄、重松宣雄、仁宮武夫。

〈ドイツ傾斜派〉東光武三、三原英次郎、中川融、牛場信彦、青木盛夫、甲斐文比古、高瀬侍郎、高木公一。

〈ロシア中心派〉広田弘毅、東郷茂徳、佐藤尚武。

もちろん、これらの中間に、どちらでもいい威勢のいいほうにつく男たちが、山ほどいた。これは書くまでもないであろう。

松岡洋右宛・チャーチルの手紙

夢みたいな世界観

必要あって「東京裁判」の記録をこのところ読みふけっている。昭和史を考える上で、いろいろと面白く思われる発見があったが、ここにご紹介したいのは外相松岡洋右とドイツ総統ヒトラーとの、外交辞令なんかではなく、それぞれの時局観やら政戦略をあらわにしての対話である。

昭和十六年三月から四月にかけて、松岡はベルリンとモスクワを訪問した。ヒトラーとは三月二十七日と四月四日の二回、膝をつき合わせて会談した。「東京裁判」では、そのとき同席した当時のドイツ情報局長のメモが、証拠資料として提出されている。

二人は、日本のシンガポール攻撃とイギリスの壊滅という将来の問題を真剣に討議した。そして一九四一年が歴史上決定的な年となるであろう、という点で大いに共鳴し合った。イギリスは間違いなく崩壊すること、アメリカは自国にこもって孤立化すること、ヨーロッパとアフリカはドイツが、アジアは日本が、それぞれ盟主としてこれを統治する、という夢みたいな世界観をたがいに披瀝《ひれき》した。

ヒトラーはいう（三月二十七日）。

「いまをおいて日本にとって歴史上未曾有の絶好の機会はない。若干の危険は必然的に伴うが、ロシアと英国がとりのぞかれ、米国の戦備が整っていないときにおいては、その危険は非常に小さいものである。それゆえに、シンガポールを一日も早く日本は攻撃すべきなのである。この好機をのがしてしまうと、フランスと英国とは二、三年中には回復してくるであろう。米国は日本の第三の敵として英仏と結び、日本は早晩、これら三国にたいする戦争に直面するであろう。

日本とドイツの間になんら利害の衝突が存在しないという事実は、とくに好都合である。日本がヨーロッパにほとんど利害関係をもたないのとまったく同様に、ドイツもアジアにたいしてはほとんど利害関係をもたない。このことは、日本のアジアと、ドイツのヨーロッパとの間の協力に、最善の基礎をなすものである」

おそらくこのときヒトラーは、よく記録映画などでみるように、大きなジェスチャーをまじえて滔々《とうとう》とやったのであろう。松岡はじっと耳をすませて聴きいったにちがいない。

「これに反して、アングロサクソンの協力は決して真の提携とはならない。常に一方をして他方にたいし反目させることにのみ終始している。英国はヨーロッパにおいて一国の優位を決して容認しない。同様にアジアにおいては、日本、中国、ロシアを相互に反目させて、ただ英帝国の利益をのみ増進しようとしている。アメリカもまた英国と同様の行動をすることであろう。すなわち英帝国のやり方をうけつぎ、英国の帝国主義にかわって米国の帝国主義をもって行動しようとしているのである」

越えて四月四日には、「日米戦は不可避である」といいながらも松岡は、だからといって、いまただちにアメリカにたいして戦端をひらくことには反対する多くの日本人がいることを訴え、こう語っている。

「米国の指導者は、南方からアメリカ向けにゴムおよび錫《すず》の輸送の自由を日本が保証するならば、中国や南洋のためにあえて日本に戦を挑むようなことはしないであろう。しかし、日本が大英帝国の没落を助けるために対英参戦したいという印象を与えるならば、アメリカは日本にただちに開戦するであろう、ということを前々から宣言している。この宣伝は英国文化に育まれた日本人には相当な効果を発揮している」

これにたいし、ヒトラーはきびしく批評を加え、松岡を励ました。

「そのような米国の態度は、英帝国が存在するかぎり、いつか英国と手を結んで日本へ進撃し得る、という野心を表明したものにほかならないではないか。裏を返せば、英国が没落すれば、勢い米国は孤立せざるをえない、その場合は日本にたいしなんらの手段を講ずることができない、という憂慮をもっていることの証明ではないか」

こんなふうに、ヒトラーの雄弁によって尻を叩かれ鼓舞されたのでは、松岡がだんだんにシンガポール攻撃を約束する気になり、アメリカ恐るるに足らずという気になっていったとしても、それほど不思議なことではないかもしれない（ただし確約はせず）。

チャーチルの忠告

そしてより興味深いことは、このあとにある。実は、この直後に松岡の手にとどいたという面白い手紙を、昭和二十三年に刊行されたある雑誌で、朝日新聞社東京裁判法廷記者団の野村正男氏が紹介しているのを見つけたのである。「東京裁判」速記録でさがしてみたが、いまのところ手紙そのものの記録は見つからない。野村さんも亡くなったいまは出所不明のまま、そっくり引用することにする。

それは昭和十六年四月十二日付、英首相チャーチルがモスクワに滞在中の松岡に送った書簡なのである。駐ソ英大使クリップスが松岡に、チャールの頭文字をとって、ひそかにW・Cで手交したものという。内容は、簡潔な質問から成っている。

「昭和十六年夏・秋において、ドイツは果たしてイギリスを征服できるのか。この問題が判明するまで待つのが、日本にとって有利なのではないか。

独伊軍事同盟（枢軸）への日本の加入は、アメリカの参戦を容易にしたか、あるいは困難にしたか。

アメリカがイギリスに味方し、日本が枢軸に参加するとして、英米の優勢な海軍は欧州の枢軸国を処分するとともに、日本をも処分することを可能ならしめないか。

イタリアは、ドイツにとって力となるか、重荷となるか。

昭和十六年には、アメリカの鋼鉄の生産高は七千五百万トンになり、イギリスでは千二百五十万トンになり、合計して八千七百五十万トンになるというのは事実なのか。万一ドイツが敗北すれば、日本の生産高七百万トンは、日本単独の戦争には不十分ではないか」

チャーチルの手紙は、このように冷静に、懇切に、簡潔に、かつもっとも現実的に、戦争の哲理と計算を説いたものであったという。もっと端的にいえば、日本の対米英戦争への決意がいかに危険なものであるかを慇懃《いんぎん》に指摘したものであったのである。

そして手紙は、

「これらの問題の解答を考えるならば、日本は恐るべき災難をさけて、西方の偉大な海国イギリスとますます提携の要を感ずるでありましょう。敬具」

と結ばれていたという。

ヒトラーの豪語と、チャーチルの計算との、どちらが松岡の胸に大きく響いたかは、書くまでもないことであろう。松岡は「いまこそ千載一遇のチャンス」という危険な賭けのほうを選ぶ決意を固めて、日本へ帰ってきたのである。自分の世界観に自信を持つ松岡には、チャーチルの忠告はむしろ侮辱とさえ思えたかもしれない。松岡は日本へ帰国してから、東京霞ヶ関でチャーチルへの返事をしたためた。

「日本の外交政策は、たえず偉大な民族的目的と八紘一宇に具現した状態を、地球上に終局的に具体化することを企図し、日本の直面する事態のあらゆる要素をきわめて周到に考慮して決められたものであるから、ご安心下されたい。

また、一度決定された以上、決然と、極度の慎重をもって遂行されることを、あえて申しあげる。敬具」

まさに自信満々、余計なことをいうな、と言葉の端々に怒りをぶちまけている。恫喝的とさえ読める。うけとったチャーチルは、儀礼的な返事というより挑戦状と思ったかもしれない。

帰国した松岡が主張するシンガポール攻撃という無謀な政策が、さすがにすぐに実施されなかったのは、歴史の示すとおり。

しかし、松岡の口から伝えられたヒトラーの悪魔的な挑発が、対米英強硬派の面々に大きな影響を与えたことは否定できない。戦うならいまがチャンスと、日本は戦争政策へとますますのめりこんでいったのである。


〈付記〉

二十年ほど前にベルリンを訪れ一週間ほど滞在した。その折に、勝手な空想ながら、松岡外相になったつもりで街を歩いてみた。記録によれば、松岡が特別国際列車でベルリンに着いたとき、ナチス・ドイツはその盛大な歓迎ぶりで偉容を最高に示したという。ベルリン駅および駅頭には、日の丸の国旗と日本海軍の旭《きよく》日《じつ》旗が、ナチスの鉤《かぎ》十字旗とならんでいっぱいに張りめぐらされた。ヒトラー・ユーゲントの「ハイル！　ハイル！」という割れるような歓声がそれを包んでいた。わたくしも駅前広場に立ってそれを想像する。

美々しく整列した兵士を閲兵したのち、オープン・カーに乗って、松岡はウィルヘルムストラッセからウンターデンリンデンの大通りを行進し、宿舎の離宮シュロッス・ベルビューに着いた。わたくしもタクシーでそれを気どってみる。

宿舎の宮殿の入口には衛兵が立ち、松岡が出入りするたびに太鼓がたたかれ嚠《りゅう》喨《りょう》とラッパが吹き鳴らされた。衛兵たちはいっせいに両脚の靴のかかとを打ちつけて高い音を立てた。その入口に立ち、わたくしも精いっぱい耳をすましてみたが、太鼓やラッパや、カチンという靴音はついに響いてはこなかったが……。しかし、感受性の人一倍強い、目立ちたがり屋の松岡がいかに感奮したかは、もう十二分に理解することができた。

それやこれやを思うと、よくぞ松岡がシンガポール攻撃問題についてヒトラーに確約しなかったものよ、という感のみが深かった。あとのことなど知るものかと、おだてに乗ってできもしないことに熱弁をふるう今日の政治家をみるにつけ、松岡の自制をほめてやりたくもなった。それというのも、松岡という政治家は日本の国体の尊厳を固く信じる臣であったからという。

談が天皇のことに及ぶと、涙を流すのが常で、ヒトラーにたいしても、スターリンの前でさえも、そうであった。長州出身のこの人は、天皇の叱責をあびそうなことには、いくら有頂天になっても決して手をだそうとはしなかった、ということなのか。

第六章　時代と戦う庶民たち

うらみ重なる「教練」

皇国教育の名のもとに

戦前に中学生時代を送った人なら、だれもが経験していることであるが、皇国教育の名のもとに授業として「教練」とよばれる軍事訓練があった。週二時限ぐらい、正課目とされていた。もともとは、大正十四年、世界的な軍縮で、日本も〝宇垣軍縮〟によって陸軍は四個師団を削減され、これによってうまれた職業軍人の失業を防ぐため考えだされた苦肉の策、ということになっている。

大正十四年春の文部省訓令には、「学校生徒の心身を鍛錬し、国体的観念を涵養《かんよう》し、以て国民の中堅たるべき者の資質を向上し、併せて国防能力を増進するに在り」とあり、さっそく実行に移されたという。要は陸軍が文部省と相談し、失業軍人を全国の中・高・大学へ「配属将校」として送りこんだのである。

小学校時代をごく気楽な腕白ですごしたこっちには、昭和十八年に中学校へ入ったら、銃剣道やら手旗やモールス信号の訓練やら、びしびしときびしくやられて、オレは「国民の中堅」にならなくてもいいや、とさっそく悲鳴をあげたのを覚えている。盛夏の真昼の太陽に、やわらかく溶けてしまったようなアスファルトの照り返しの道を、あるいは朔風《さくふう》が鉄板のごとく凍らせた大地を、毎週一回、遠く柴又から向島まで全校マラソンを競わせられるのは、ほんとうに堪まったものではなかった。いいカッコしいでいうわけではないけれど、英語や代数をもっと勉強したかった。

　あれからもう七十年近くもたって、いまさら怒りをあらわにしてもはじまらない。が、たしかにわれら昭和一ケタの前半生まれのものは、記憶力旺盛なときに「頭ァ右！」や「捧げ銃《つつ》！」ばかりやっていて、人生百般・森羅万象について基礎的な知識や常識を養う時間が、まことに少なかった。トルストイやショパンもゴッホも知らず、戦争が終わって食うものもないとき、空き腹を抱えてあわててキルケゴールやモーツァルトやルノアールを詰めこんだが、血肉にはとうていなりえなかった。

そこで、このうらみ重なる「教練」なるものを、こんどちょっと調べてみて、少しく愉快な発見をした。

たとえば、昭和十三年一月の「大学学部教練の振興」と題する陸軍の文書。「学校教練を将来必須課目たらしむる如く（中略）教授力の充実、配属将校の人選、教材の選択、職員の理解援助の向上、特に東京帝大の振作を図る」

もう日中戦争がはじまって、いよいよどろ沼の様相を呈しだしたとき、なお軍の言うことをきかない大学がある。とくに怪しからぬのが東京大学、という愉快なことをこの文書は示している。

さらに同年二月、警視庁が盛り場で「サボ学生狩り」に乗りだし、三日間で三千四百八十六人も検挙した。この連中に改悛誓約書を書かせたうえで、宮城前へ連れていき深々と最敬礼させたあとで釈放している。

そして昭和十四年四月一日からは、「大学学部教練は、総長の指揮監督の下に学生全員之を受くるものとす」とがっちりと締めあげることになった。

さて、その成果如何《いかん》を示すため同年五月二十二日、宮城前広場で、軍事教育施行十五周年を記念して「全国学生生徒代表御親閲式」がひらかれた、というのであるが、この記憶はまったくない。この日付、つまり昭和十四年五月二十二日で思いだすのは「青少年学徒ニ賜リタル勅語」である。あの「ナンジラ青少年学徒ノ双肩ニアリ」「文ヲ修メ武ヲ練リ、質実剛健ノ気風ヲ振励シ、以《もっ》テ負荷ノ大任ヲ全クセムコトヲ期セヨ」が、軍事教育十五周年を記念してのものとは、いままで露知らないことであった。

昭和史にかんする本はずいぶんと読んできたものの、宮城前広場の御親閲については、これまでついぞお目にかかったことがない。当時の新聞などには「青春武装の大絵巻」なんて飾りたてて書かれていたというのに——。

「晴れのこの日、朝鮮、台湾、満洲、樺太等を含む全日本からすぐった中等学校以上一千八百校代表三万二千五百余名の学生生徒は、大学学部の第一集団をはじめ学校別、地区別によって九集団、三十個大隊、百十個中隊に編成され、執銃帯剣巻ゲートルの武装も凛々しく」「新緑滴る大内山を背景にくっきり浮かび上がった白木作りの玉座」の前を、「歩武堂々」分列行進していったのである、そうな。

ただし、実は表向きの話。ほんとうのところは、当局者の記すところによると、「当時の大学生は四列縦の行進ができないほどの状態」であったというではないか（原敬吾氏の論文による）。

宇垣の秘められた意図

それからわずか四年半後、昭和十八年十月、学徒出陣で、雨にけぶる神宮球場でのそれこそ〝歩武堂々〟の大行進であった。当時の写真やニュース映画でお目にかかるように、軍事教練の成果はわずかな年月の間にものの見事にあがっていたようである。このときは査閲したのが昭和天皇にあらず、東条英機首相兼陸相であったが、さぞや胸中大満足であったにちがいない。

なるほど、軍事教練のそもそもの発想は、軍縮によって失業した現役将校の受け皿であった。大正十四年のその時点で、将校（および相当官）二千五百名が余剰となった。しかし配属将校として二千名をくばることができ、しかも陸軍は一旦緩急あるときの大隊長・中隊長クラスの要員を確保することができた。

もうひとつ、生徒学生への軍事教練実施には大事なねらいがあったのである。

立案者ともいうべき〝宇垣軍縮〟の宇垣一成《かずしげ》陸相（当時）の日記を引こう。

「余は……平時はとにかく、有事の日においては陸軍が是非、至尊（天皇）補翼の中枢として働かなければならぬと数年来深く感得しているところである。それが余をして、中等以上の諸学校に現役将校を配属して、士風の振興、体力の増進に資し、近く一般的に青少年訓練を実現せしめて健全なる国民をつくり、同時に、これらをして陸軍との密接なる連携をつくらしめんと企画せしめたるゆえんである」

要は、いざというときに、すぐ陸軍の役に立つ人員を用意しておこうというねらいなのである。

「余はこれらの企画によって全帝国を引きしめ、また必要ある場合は全帝国を引きつれて至尊の膝下に大活動を行わしめんと欲するのである。余の青少年訓練を全般的に実行せしめんと努力したりし真意は、ここに存する」

こんなふうに宇垣陸相は日記のなかで大いに力み、そしてその秘められた意図をより明確にする。

「平戦両時を通じて真正なる挙国一致の如き、七千万同胞をあげて至尊の下に馳せ参ぜしむべき采配を振るべき仕事は、いかに考うるもわれわれ陸軍が進んでこれに任ぜねばならぬ。海軍の如きは社会にたいする狭き接触面よりするも、その任でない。二十余万の現役軍人、三百余万の在郷軍人、五六十万の中上級の学生、千余万の青少年に接触する陸軍にして、はじめてこの仕事を遂行し得べき適性が存する。この大事業の実現こそは余の君国に報ずる重要なる奉仕と確信している」(大14・12・30)

かくて軍事教練が必修課目となり、この教練をへたものが一年志願兵(昭和三年から幹部候補生)として、予備の幹部となる制度がつくられた。宇垣陸相は失業救済に味なことをやった、というほかはない。太平洋戦争末期、陸軍だけで五百万の大軍が動員されたが、小中隊長のほとんどは学校教練をへた幹部候補生の出身者であった。

おかげで〝遅れてきた〟少年であったこっちは、ろくな勉強もさせてもらえなかった。戦中の中学生時代に身につけたのは(三年生の夏に終戦)、手旗信号や匍《ほ》匐《ふく》前進や、

「••—•—•••••—•—•••—•••••—•••—•——

・―・―」だけであった（ちなみにこのモールス信号は「宇垣バカヤロ」と訳す）。

銀メシよ、さらば

瑞穂《みずほ》の国はいずこへ

豊葦原瑞穂の国に生まれきて
　米がないとは不思議なはなし

だれの歌であったか忘れてしまったが、なんでも大正七年の米騒動前夜に詠まれたものと覚えている。太平洋戦争の真っ最中に、日々はげしくなる空腹をせいぜい我慢すべく、笑いとばすべく、この大正の歌を「こんな名歌がある」と改めて教えられたように記憶する。

実際、あのころのひもじさはひどかった。それにもまして敗戦直後の飢餓、よく生きて来られたもんだとの思いがある。ときの大蔵大臣渋沢敬三が不用意にもらした「一千万人が餓死するかもしれぬ」の、その一千万のなかに入ってたまるものかと、キリキリ歯がみした。ともかく生きぬいてすばらしい国を造ってやろうと、根っこや葉っぱを毎日のように食っての、われら昭和一ケタの頑張り。それもとみに人気がなくなった。

昨今の外国米の輸入をめぐっての〝平成の米騒動〟を横目にしながら、何十年ぶりかにまたこの名歌を思い出した。国産米の絶対的不足がわかっているのに、三割減反の方針を打ち出している日本農政の不思議さもさることながら、マスコミが伝える国民諸氏の狂態ぶりは「日本人はさっぱり進歩していないな」の思いを深くさせる。

だれもがいうことながら、パン、そば、うどん、スパゲティなどなど、ほかに食べるものが山ほどもありながら、なんの狼狽ぶり逆上ぶりか。いい加減にせい、である。

それに輸入米はまずくて食えないなどとは何たる言い草か、と一喝したくなる、なんてほざいていた友がいた。わたくしはそんな大仰なことはいわないが、歴史探偵たる以上、ちょっとした事実を過去にさぐって提示し、なんらかの教訓、いや、慰めにすることにしたい。

面白い話のひとつに、昭和十七年五月、東京の主婦代表二十八人が、一等から五等までに格付けされている米の味を吟味した、という記事が当時の新聞にある。今日の酒やビールの銘柄あてみたいなものである。二等の国産米をそのものズバリに当てたのはたったの六人。そしてなんと大半の十八人がこれを外米四等と判定した。これと逆に、カリフォルニア米を国産米の一等または二等としたものが、実に二十三人もあった。およそなみの人間の舌というものはこの程度のものなのである。そして結論は、どこの産でも一般的に米の味には変わりなし、ということになって、解散したという。

昭和十七年といえば、もう銀メシ（当時は白米をこういった）は垂涎《すいぜん》の的、とても口に入らないときであった。だいたい米の味がいくらかでも問題にされたのは、昭和十二年の日中戦争がはじまるまでのこと。そのあとは米さえあれば何でも結構という時代で、目標は大量生産、真にうまい米は作られもしなかったし、食べるほうは問題にもしなかった。

米の昭和史

ここで少々贅言《ぜいげん》を弄して、「米の昭和史」を展開してみることにする。

日中戦争がどろ沼化してしまった昭和十四年十一月六日に、米穀強制買上令が公布される。まずここから戦時下の日本人の米受難がはじまる。つづいて同年十二月一日に白米禁止令。銀メシとの涙の別れである。さらに翌十五年十月二十日には米穀国家管理が実施となる。さて、これがいわゆる闇時代の幕あけで、そして十六年四月一日からは配給制となる。瑞穂の国がいっぺんに「武士は食わねど高楊枝」ならぬ痩楊枝となって、米の確保が銃後最大の関心事になった。「銀メシよ、さらば」に関連してついでに書けば、戦中を象徴する流行語の一つ「ぜいたくは敵だ」が街頭に看板となってあらわれたのは、昭和十五年七月七日以降のことであった。この日、「草の根をかじっても聖戦遂行への総意を固め直さねばならない。趣味の、ぜいたくのといっておれない時勢だ」ということで、「奢侈《しゃし》品等製造販売制限規則」の断固実施が内閣で決定されたのである。これを七・七禁令という（発布は七月六日）。

製造販売を禁止されたもの——染絵羽模様の着尺地、羽織地、じゅばん地、夜具地、それらの製品いっさい。指環、腕環、頸《くび》飾り、耳飾り、ネクタイピンなどからダイヤ、ルビー、サファイア、エメラルド、めのう、などの貴石はいっさい御法度。銀製品も象牙もダメ。

「ぜいたく品、さやうなら——あすから閉じる〝虚栄の門〟」であり、「奢侈品けふ限りの夢——国民生活廻れ右」であり、「商店街に青天の霹靂《へきれき》」であったのである。

そして東京の銀座通り、浅草仲見世や六区映画街をはじめ目抜きの通りに「ぜいたくは出来ない筈だ！」「ぜいたくは敵だ！」という標語を大書した看板千五百本が、麗々しく立てられたのが八月一日から。そしてまた、同じ八月一日から、官庁・会社・百貨店などの社員食堂は米食を全面的に廃止し、パンやうどんに切りかえられた。

この日の作家永井荷風の日記『断腸亭日乗』には、面白いことが残されている。

「正午銀座に至り銀座食堂に飰《はん》す。南京米にじゃが芋をまぜたる飯を出す。此日街頭にはぜいたくは敵だと書きし立札を出し、愛国婦人連辻《つじ》々に立ちて通行人に触書《ふれがき》をわたす噂ありたれば、其《その》有様を見んと用事を兼ねて家を出《い》でしなり。尾張町四辻また三越店内にては何事もなし。丸の内三菱銀行に立寄りてかへる。今日の東京に果して奢侈贅沢と称するに足るべきものありや。笑ふべきなり」

荷風の野次馬精神の横溢ぶりは、あっぱれの一語につきる。それと、昼ごろまでには立看板がまだ間に合わなかった様子が察せられ、また外米にじゃが芋のごはんが供せられたこともわかる。それよりも愉快なのは、欄外のつぎの一行。

「贅沢ハ敵也ト云フ語ハ魯西亜《ロシア》共産党政府創立ノ際用《もち》いタル街頭宣伝語ノ直訳也ト云」

探偵としてはこの真偽を是非にも探索せねばならないことであるけれど、いまのところ分明ならず。後日の報告を待ってもらうことにする。

話題がそれた。また、米のはなしに戻る。荷風の日記ではないが、食堂にならべば何か口に入るというころは、乏しいながらもまだゆとりがあった。気の遠くなるほど長い行列にならんで、やっと番がまわってきたときは立ちくたびれてへとへと。食べたのは、おまじない程度にごはん粒が浮かんでいる雑炊で、菜っぱの切れ端が色を添えている。それでもごはん粒を舌でつぶして味わい、久しぶりに米の匂いをかいでやや気が落ちついた。そんな体験は昭和一ケタ以上のものなら全員が味わっている。

やがて米粒ひとつ食えなくなった。こうりゃん、とうもろこし、そのつぎには豆かすが配給になった。大豆から油をしぼりとったかすは、本来は肥料、飼料であった。それを主食の代用食として配給された。フライパンでから炒りして、醬油をたらして食べた。

しかしながら、こんな味気なく情けない時代に生きていても、あのころの日本人のほうが昨今よりもずっと落ち着いていたような気がしてならない。その証拠となるような新聞のコラムがある。昭和二十年一月一日の朝日新聞の「青鉛筆」欄――。

「決戦下とはいえ、さすがに年の暮、きのう大晦日銀座は近来にない人出で賑わった。名物の夜店ならぬ昼店がずらりと並んだところは例年と何の変りもなさそうだが、並べられた品物には非常持出袋あり、夜光標識塗剤あり、パッと開いて降りる紙の落下傘あり、とりどりの決戦色はここにも濃厚な年の瀬風景を描き出していた。

たった一軒、これは屋台も張らぬ街頭の〆飾り屋の前には、押すな押すなの人人気が集まって、一個数円のお飾りは瞬く間に売れ尽す。
　虚礼は廃しましょう、と今年は門松ひとつ立たぬ銀座の真中で一寸考えさせられる風景だった」（原文は旧カナ）
ちなみに、もうB29による東京空襲ははじまっていたのである。少々の米不足にガタガタするな、である。弓削達氏の『ローマはなぜ滅んだか』（講談社現代新書）のうたい文句ではないけれど、「食卓をにぎわす珍鳥・珍魚。文学に、スポーツに進出する〝自由な女〟。文化となった愛欲――」現代の超大国・日本はローマとそっくり、ということは、間もなく壮大に滅びるということか。

東京初空襲の後始末

狼狽した軍当局

記憶のいい小学校時代のクラスメートがいて、エポックとなるあの日あの時のことを、いちいち思い出してくれる。それによると、昭和十七年四月十八日の、ドーリットル中佐指揮による東京初空襲の日、わたくしたちは文部省推薦の映画「将軍と参謀と兵」を向島のある映画館で総見していたという。授業がないからと貴様は小躍りしていたぞ、と友は笑う。さもありなん、将校役の阪妻をアラカンのつぎに贔屓《ひいき》にしていた。

わたくしが覚えているのは、鞄《かばん》を頭にして逃げ帰る途中、見上げた空に浮かんでいた五つ六つの白い綿アメである。妙な静寂があたりを領していた。それが応戦の高射砲弾の炸裂と知ったのは、「ポカンとするな、破片が落ちてくるぞ」と警防団員に怒鳴られてからのこと。腹がへったなあ、綿アメ、カルメ焼き、何でもいいから食べたいな、と一瞬思った記憶があるから、空襲は正午ごろであったのであろう。

こんな呑気な回想は小学校五年生になったばかりの少国民だけに許されることで、ノースアメリカンB25爆撃機十六機の奇襲攻撃は、被害そのものは軽微であったが、異常な衝撃となり、軍当局の周章狼狽はその極に達した、という。

参謀本部作戦部長田中新一少将は四月二十日の業務日誌に怒りの文字を書きつらねた。

「太平洋海域および印度洋海域、北方海域における制海権の確保により、今回のごとき空襲企図の未然防止に努めること。これがため必要な陸海協力作戦を企画し……特に防空作戦的見地から、太平洋海域における必要な島嶼《とうしょ》の領有を図ること……」

〝必要な島嶼の領有〟とは、すなわちハワイ諸島、その前哨線基地としてのミッドウェイ島の攻略であった。海軍側のミッドウェイ島攻略にたいしはじめ渋っていた陸軍中央が積極姿勢に転じたのはこの直後である。そしてこの作戦が惨たる敗北に終わり、戦勢の〝転機〟となったことは改めて書くまでもない。

ハイゼル提督指揮の空母群から発進した米攻撃隊十六機は、日本軍が防衛らしい防衛をする暇を与えず、瞬時にして来たり、去っていった。空母に着艦することはできないから、計画どおり中国大陸の中国軍基地へ帰投する。しかし、全機が無事というわけにはいかなかった。一機が中国における日本軍（支那派遣軍）の占領地区内に不時着し、搭乗員（二名戦死計八名）が捕虜となる。

捕虜となった八名の米兵

ここからいよいよ本題に入るが、この捕虜八名の報は、陸軍中央を大いに喜ばせたのはいうまでもない。大本営からは「即刻東京へ移送せよ」の特電が発せられた。命にしたがって捕虜たちは上海から東京へ送りだされる。かれらを受けとった中央の面々は、参謀総長杉山元大将を中心に、その鼻息たるやきわめて荒かった。東京送致を命じたのは、くわしい情報の収集はもとより、実にその処分を中央が直接に行うとの強い意思表示にほかならない。しかも、想定しているのは全員死刑という厳罰であった。

その空襲は軍事目標外にたいして実行された。たとえば、そのなかの一機は葛飾の国民学校に集まっていた生徒に、機関銃の射撃を加え、これによって一名の死者が出た。これは明らかに戦時国際法違反であるゆえ、厳重な裁判に付すべし、という意見に参謀本部はまとまったのであった。ただし、これはいわば大義名分。海空からの攻撃にたいし、防衛にはきわめて不利な日本列島への、将来の不意の爆撃を恐れるゆえに、という苦しい理由が背景にあった。つまり威嚇である。強硬手段による牽制である。

なお死んだ生徒は、新聞によると、石出巳之助（十四歳）とある。巳歳生まれらしいからわたくしより一歳上。まさか呑気に綿アメが食べたいなァなどと空を眺めていたわけではあるまい。

ところで、この強硬決定の前に、どっこいと両手をひろげて待ったをかけた人がいた。首相兼陸相の東条英機大将である。「それはいかん。ことに向こうで抑留されている在米同胞に、非常な悪影響を及ぼす」と反対し、大本営の鼻っ柱をくじいた。いわれてみれば、戦時捕虜という身分をもっているものにたいし、ことごとく死刑を科することは戦時国際法に照らしあわせても、国際信頼上どんなものか、と冷静さをとり戻すことになる。

参謀本部はやむなく方針を変更した。いや、実のところ変更したふりをした。東京で処分を行わず、捕虜を取得した現地軍の軍法会議にまかせる、と。こうして八名の捕虜はまた上海へ送り返された。ただし、かれらと一緒に、参謀本部員が急遽でっちあげた「処罰軍律」も、現地軍におごそかに送り届けられていた。国際法規に違反しないものは捕虜として扱うが、これに違反したものは（すなわち軍事目標以外のものを攻撃したものは）戦時重罪犯として処断すべし。これにもとづいて支那派遣軍司令部も軍令として「空襲軍律」を布告した。そこには「軍罰は死とす」「死は銃殺による」ときびしく、簡潔に、書き記されていた。

結果的には、八月二十日、現地軍である第十三軍（軍司令官沢田茂中将）の軍法会議は、参謀本部の方針どおり、八名全員に死刑を宣する。判決はただちに東京へ報告された。東条首相は仰天した。

東条首相、必死の反対

東条が戦後に巣鴨刑務所で、アメリカ人検事フィヘリーの訊問に答えた興味深い記録がある。

「中国から軍律会議の報告が参謀総長と私とに届いて、その判決は八人全部を死刑にするということでした。杉山総長は、私のところへ来て、この会議の判決をぜひにも実行してほしいとの要求をいたしました。しかし、私は、天皇の御仁愛のお心を考えて、最少限の者の死刑を希望していたのです。このために小学生を殺した三人だけが、死刑を受けることに決定したのです。このことは、天皇とご相談しました。というのは、日本では減刑できるのは、天皇ご一人《いちにん》であるからです」

実際に三人の死刑が行われたのは、判決から二カ月近くたった十月十五日である。東条陸相が頑張るので、陸軍中央では硬軟両派が口角泡をとばし、なんども議論が重ねられた。それを裏書きする記載が、支那派遣軍司令官畑俊六大将の日記にある。

「大臣（東条）が死罪に反対なりと聞及びしが、次官以下および参謀本部全部は死罪を主張し、相当すったもんだの挙句に両機長および銃手のみ死刑とし、そのほか五名は死一等を減じ無期監禁の旨、特別の思し召しなる旨、参謀総長より伝達し来たれり」（十月十五日）

東条の、天皇への必死の駆け込み訴えが、参謀本部の強硬論をどうやら押さえこんだことがわかる。

それにしても、と探偵は思うのである。石出巳之助クンを殺したのが、はたして不時着して捕まったこの二機であるとどうしてわかったのか。確率は八分の一、ほかの機であったかもしれない。このナゾを解く、もう一つ、畑俊六日記に興味深い記載がある。東京の憲兵隊がギリギリと締めあげて作成したものにちがいない訊問調書の一節——。

「人心攪乱のため非戦闘（員）射撃は別に悪しとは思わず、フェアプレーの心境にて、小学校を掃射したるは行きがけの駄賃に、このジャップ奴《め》がとの心境なりしと」

正真正銘、捕虜がこういったとは思えない書き方とわたくしは判定する。〝行きがけの駄賃〟という日本的ないい方といい、〝との心境なりしと〟なんて、およそかく想像してみての表現としか思えない。あらまほしきように記した憲兵の創作であったかもしれない。

畑日記の十月十五日の項の最後はこうである。

「以上三人は十五日上海にて処置す」

第七章

事件、事件、また事件

大津事件・殊勲の二人の運命

ロシア皇太子襲撃

平凡社刊『政治学辞典』は事件をごく簡略に説明している。
「湖南事件ともいう。一八九一年（明治二十四）五月十一日滋賀県大津で来遊中のロシア皇太子を巡査津田三蔵が傷害した事件。これにたいして政府は、対外的、対内的考慮から司法機構にたいしていろいろの干渉をこころみたが、大審院（院長児島惟謙《これかた》）はこれを排除し、謀殺未遂として津田を無期徒刑に処した。司法権の独立を維持したものとして日本憲政史上特筆されている」

これがまあ事件の骨子なんであるけれど、これだけじゃ味もそっけもない。歴史探偵としては少々張り扇的に一席弁ぜざるをえない。

ロシア皇太子はのちのニコライ二世、日露戦争のときの皇帝で、革命によって廃帝になった悲劇の人。犯行の時刻は一時五十分、場所は大津町大字下小唐崎五番地、津田岩次郎宅前、いわゆる京町筋の繁華街である。といっても道幅はかなり狭かった。警衛にあたっていた巡査津田三蔵は踏みこんで一刀、さらに一刀、皇太子は大声をあげて人力車からとびおり一散に逃げる。三蔵はなおも追いせまって、うしろから一太刀を浴びせたが、それより前に後続のギリシャ皇子が俥《くるま》からはねおり、もっていた竹鞭で三蔵を連打したため、わずかに届かない。

その隙に、皇子の左後押しの車夫向畑治三郎が足をとって前へ倒し、右後押しの北賀市太郎がサーベルを奪いとって、三蔵の後頭部と背部を切りつける。結局三蔵はとり押さえられた。

負傷したニコライは民家にかけこんで、応急の手当てをうけた。傷は頭部に二カ所、骨を傷つける長さ七センチ、骨膜に達する長さ九センチのものであるが、生命についての心配はない。しかし、なにしろ強大な陸軍国ロシアの尊貴な皇太子を傷つけたとあっては、戦争になってもおかしくはないと、日本中が震撼《しんかん》した。うしろには地球の全陸地の六分の一を領土とするロマノフ王朝が控えている。

東京では御前会議がひらかれ、なにはともあれニコライのお見舞いに、ということで明治天皇は京都へ急行する。ところが二十三歳のニコライは冷たい態度で三十九歳の天皇に応対した。

「これ以上旅行をつづけるかどうかは、本国の両陛下のご指示によることで、私自身の決定の外にある」

とニべもなくいうと、神戸へむかい乗艦に移乗する。そして十九日夕刻、さっさと帰国してしまった。明治天皇もがっかりしたろうが、それにもまして周章狼狽したのが第一次松方正義内閣である。

「哀れのきわみなれど津田を死刑にして、ロマノフ家の怒りをなだめるほかはない」

と閣僚全員の意見は一致した。

〝法〟の権威

ところがその前に〝法〟の権威というものがしっかりと立ち塞がった。そこで閣僚たちは知恵をしぼった。刑法一一六条に「天皇三后皇太子ニ対シ危害ヲ加ヘ又ハ加ヘントシタル者ハ死刑ニ処ス」とある。これは〝日本の〟と断っているわけではない。外国の皇族などもふくむと考えていいのである。それが政府の見解である。

　これにたいし大審院長児島惟謙が大反対した。刑法一一六条は明らかに日本の皇室について規定したものであり、ロシアの歓心を買うためにみずから法を曲げるようでは、司法権の尊厳は犯され、国家としての自主性も危うくするものである。この事件に適用すべきは刑法二九二条のほかはない。すなわち津田の場合は謀殺（計画殺人）未遂ゆえに、無期または有期の徒刑に処するのが当然である、と児島を先頭に大審院判事たちは主張した。

　内務大臣西郷従道《つぐみち》はホトホト困りぬいた。

「予はもとより法律論を知らず。然れども、もし果してかくの如きの処分（普通殺人未遂の扱い）に出ずるならんか、露国の艦隊は品川湾頭に殺到し、一発の下にわが帝国は微塵とならん」

　児島はきっぱりと答えた。

「法律に正条あるを以て、閣下らを満足せしむるの結果を得ること能わざるなり。法理のやむをえざるものあるを了解せよ。ただ戦争を開始すると否とは、閣下らの方寸にあり。ねがわくは礼譲をもって平和の局を結ばれんことを望めども、露国にして野心をもって兵力を弄し、蛮力をもって帝国に殺到襲来することあらば、ついに避け難《がた》からん。ことここに到らば、小官らまた法官の一隊を組織して、国民軍となり、閣下ら将軍の指揮に服従し、もって一方面に当たるを辞せざるなり」

老獪《ろうかい》をもって鳴るさすがの西郷も、この正論にはぐうの音もでなかった。やむなく政府はからめ手に手をまわした。大審院の判事一人ひとりをよびだして各個撃破、七人の判事のうち五人までが政府の圧力に屈したという。それを知った児島は必死の反撃にでた。

「司法権の独立こそ国家の命脈だ。法が政治に従属させられては、法官としての生命を奪われたも同然ではないか」

その熱情をこめての話は五人の判事たちの心奥を動かした。

五月二十七日十八時三十分、裁判長が判決文を朗読した。その最後はこう結ばれていた。

「被告の行為は謀殺未遂にして刑法第二九二条により、被告津田三蔵を無期徒刑に処するもの也」

こうして司法権の独立は堅守された。もっとも問題がまったくなかったわけではない。児島は今日でいう最高裁判所所長で行政職。行政職が担当の裁判官にたいし熱心な説得を加えたことになる。

津田は無期徒刑囚として釧路に送られ、四カ月たらずで、肺炎のため死亡した。診断書によれば、その病歴に精神障害のうたがいがあったという。

殊勲の二人と日露戦争

――以上が『政治学辞典』に書かれている大津事件（湖南事件）のてん末というわけで、昨今のものはともかく、一時代前の日本人ならほとんどが知っていた歴史的事実である。それをこと新しそうにもちだしたのは、実はこのあとの愉快なエピソードを書いてみたかったからである。それというのは、津田三蔵に組みついて、ロシアの皇太子を救った向畑治三郎と北賀市太郎のその後のことである。

もちろん国家は、殊勲の二人の車夫をそのままにはしておかなかった。さっそくお役所へよばれて、勲章をさずけられたうえに、一時金として二千五百円、終身年金千円が二人にそれぞれ贈られる。巡査津田三蔵の当時の月給は九円と記録に残されている。その時代の年金千円である。

これはもうひっくり返るほかはない、字義どおりの成り金と相成った。

作家真鍋元之氏の調べによれば、金ばかりでなく、全国的な人気ものとなり、ファン・レターは降るように寄せられた、とある。なかでも奇抜なのは東京の赤坂から芸者の連名できた遊覧の案内状。「もし東京へご保養にお越し下さるなら、わたくしどもの嬉しさ一方ならず、ある程の限りのお慰め申上げ……そろ」とあったという。

ある程の限りのお慰めとはいかなるものか。また、これに二人が応じたかどうか、つまびらかではない。

しかし栄枯盛衰はままならず。それから十余年後の明治三十七年二月、日露戦争がはじまった。日本帝国の存亡をかけるこの戦争の敵の総大将は、だれあろう大津事件の皇太子である。年金千円は開戦と同時に取り消し。北賀市太郎は地道に暮らしていたからまあ助かったが、正業もなく派手にやっていた向畑治三郎のほうは、こんどは一夜にして借金暮らし。あまつさえ、憎むべきロシアの皇帝を救った敵の片割れなり、と世間の風向きが変わったから、いっそうみじめであった。

わかっているのは昭和三年九月も終わりのころ、おちぶれ果ててかつての英雄は七十四歳で世を去ったということのみである。

ゴーストップ事件の警察部長

軍の名誉に傷がつく

堀幸雄著『右翼辞典』（三嶺書房）はこの事件をこう説明している。

「一九三三年（昭和八）六月十七日午前十一時ごろ、大阪市天神橋六丁目交差点で第四師団第八連隊第二大隊第六中隊の中村政一一等兵が信号を無視して渡ったところ、曾根崎署交通係戸田忠夫巡査が制止したところから起こった。戸田巡査は中村一等兵を天六巡査派出所に連行、押し問答を重ねているうち、中村一等兵が戸田巡査を殴った。かくて乱闘中に憲兵がきて中村一等兵を連れていった。中村一等兵は全治三週間、戸田巡査は一週間の傷を負った。（以下略）」

当日は日曜のまっ昼間、交番の前は黒山の人だかりとなった。巡査のほうは軽傷であるが、一等兵は口中裂傷で口からだらだら血を流し、耳の鼓膜も破られるという有り様、これがいけなかった。このまま引っ込んでは皇軍の威信にかかわる。ことの発端は今日でいう信号無視、まことにつまらぬことであろうと、軍の名誉に傷がつく。「陛下の軍人」に巡査風情が手をかけ、公衆の面前で侮辱を加え傷まで負わせた、と軍部がカンカンになった。

なんとも理不尽きわまる怒りであるが、昭和八年という時代状況を背景においてみると、なるほどと合点がいく。満洲事変（昭和六年）が勃発して二年後、第一次上海事変（七年）もあり中国大陸進出で武勲赫々《かっかく》、「皇軍」を呼号する帝国陸軍の鼻息のすこぶる荒いときである。これに大新聞が同調し、毎日のように笛や太鼓で皇軍の勝利を祝っていた。いわば世論の後押しをえて、軍部の政治進出が日一日ともり上がりをみせているちょうどその折に当たっていた。その高くなりつつあった鼻っ柱を折られたようなこんどの事件、これを黙って見すごすわけにはいかなかった。

憲兵隊から第四師団司令部へ報告がいく。事件発生から二時間後には早くも、憲兵隊から大阪府警察部に厳重抗議が申しこまれ、あっという間にことは表沙汰になった。一説に、日曜であったため、所轄の曾根崎署の高柳署長は前の晩から女を連れて遠出して所在不明、このため機宜の処置がとれなかったという。憲兵隊では署長がすぐ謝りにくればそれですまそうと考えていたらしいが、とにかく一言の挨拶もない。それが怒りの火に油をそそぐ結果になった。危機管理というものはまことにむずかしい。

しかし、表沙汰となった以上は、危機管理がどうのと論じている暇はない。なにしろ大阪府警が自慢のゴーストップ（交通信号機）ができて間もないときで、署員が一丸となって市民の交通道徳の訓練に躍起となっているところであった。それにやたらに政治の問題にまで口をだしてくる軍部の勢力に、これまでの国家権力のヘゲモニーを奪われかけている官僚勢力のつもりつもった反感もあった。とりわけその中心である内務官僚が矢おもてに立つことになったこの事件、ここで負けたら百年目とばかりに警察側もいきりたった。

泥仕合の様相

というわけで、単なる信号無視の小さな騒ぎが、たがいにその意地と面子にかけて軍部と警察が一歩も引かずやり合う大事件にまで、あっという間に発展してしまった。そしてそれは、いってみれば、日の出の勢いで台頭する軍部に歯どめがかけられるか否か、戦前自由主義の最後のレジスタンスとなった事件、ともいえるのである。

しかも愉快なことに登場するのが、第四師団長に寺内寿一中将。のちの元師、太平洋戦争における南方軍総司令官。このあと三年後に、二・二六事件が起こり八人の大将が現役から去り、筆頭の中将であったため陸軍の最上位に昇ったが、才気のない、凡庸なお坊っちゃん将軍の定評がある。

これを補佐する参謀長が井関隆昌大佐（のちに中将）、これがカチカチの頑固おやじ。

たいする大阪府側が、知事に縣忍《あがたしのぶ》、警察部長がクリスチャンの粟屋仙吉。ともに向こう意気の強い硬骨漢として知られていた。つまり奔馬の前に大手をひろげて立ちふさがる強腕の持ち主であった。とくに粟屋部長は居丈高になって攻めたてる軍を相手にその信条を守って一歩も退かなかった。

粟屋部長が「軍人といえども私人として街頭に出た場合は、一市民として巡査の命令に従うべきだ」と当然の論理にでると、井関大佐は「軍人はいつでも陛下の軍人であり、街頭においても治外法権である」と突っぱねる。「それは謬見《びゅうけん》にすぎない。修正すべきである。さもなければこんご警察官としての公務執行ができなくなる」と警察側が意気も壮《さか》んに主張すると、軍部は「統帥権」という伝家の宝刀を抜き放つすさまじさ。あげくは、

「われらはここに光輝ある軍旗を奉じ、……皇軍の名誉のため断々乎として戦い……最悪の場合はただ玉砕するのみである」

と、後年さんざん聞かされることになるスローガンをかかげて鼻息も荒く声明する。もはや事件はあらぬほうへ突っ走って、ゴーストップもへちまもなくなった。ついに事件は大阪から東京中央にまで暴走してきた。片や陸軍省（陸相荒木貞夫大将）や在郷軍人会が尻押しすれば、片や後塵を拝すべからずと内務省（内相山本達雄）や警保局（局長松本学）が大阪府を応援し、双方引くに引けぬ状況

にまで追いこまれた。

しかも、「戸田巡査は戸籍上は実在しない幽霊人物で、本姓は中西だ。そんなデタラメを警察側はやっている」と憲兵隊がすっぱぬけば、こんどは粟屋部長の指揮で警察側も中村一等兵のアラ探しをやり、「中村は入隊前に昭和三年いらい十件近い交通違反をやり、そのつど科料処分をうけている。つまりかれは交通違反の常習犯なのである」と大々的にやり返した。まさに事件は泥仕合の様相を呈してきた。

和解を呼んだ天皇の一言

結果は、『右翼辞典』をもう一度引用すれば、こうなる。

「師団は戸田巡査を告訴し、結局十一月十九日、大阪地裁検事局の和田良平検事正の斡旋や、白根竹介兵庫県知事の説得によって、相互訪問の形で妥協がはかられ、五カ月かかって解決したが、要するに軍の横車が通ったことになった」

ところが喧嘩仲裁のための、『辞典』に書かれていない裏ばなしが、実はあったのである。

和解交渉は難航して容易に解決の途がさぐれず、ニッチもサッチもいかなくなったとき、十月二十三日から三日間、福井県で陸軍特別大演習が行われた。そのさい、演習を統監した昭和天皇が、荒木陸相になにげないふうに、

「大阪の事件は、どうなっているのか」

と尋ねた。天皇の言葉はそれだけのものであったが、忠節なる天皇の股肱《ここう》を自認する陸相は完全に恐懼《きょうく》して震え上がった。「陛下の軍人」が陛下に心配をかけている、「皇軍」「皇道」でなければならない陸軍が、なんということか。頭に血がのぼった荒木はただちに陸軍省政務次官をよぶと、松本警保局長を訪ねなんとか和解の相談をするように、との指示をだしたという。

和解の発表は十一月十八日夜十一時、天皇の一言があってからほぼ一カ月近くたっている。井関大佐と粟屋部長との相譲らざる折衝がつづいた結果といえる。そして検事正官舎前で、中村一等兵と戸田巡査の仲直りの握手をもって、すべてが終わった。

天皇の一言の威力も、威信と面子の前ではかならずしも即効薬とはならなかったが、とにかく効きめがあった。

ところで、結果は『辞典』が示すように陸軍の横車の全面的な勝ち、とみるのが正しいのであろうか。ひとつ気になる事実は、第八連隊長松田四郎大佐が事件解決後の昭和九年三月五日付で待命となり軍を去っていること。陸軍中央はかならずしもいい気持ちになっていなかったということなのか。あるいは天皇の宸襟《しんきん》を悩ませ奉ったことにたいして、少々の申しわけを示したつもりなのか。

いずれにしても、昭和史における軍部にたいする組織的抵抗は、これが最後となったことだけは確かである。以後は軍部の横車がまかり通った。

硬骨の粟屋部長は、太平洋戦争もようやく日本に不利となりはじめた昭和十八年八月七日、広島市長となって赴任した。そして原爆が投下された二十年八月六日、爆心地から一キロの水主《かこ》町の市長公舎で被爆死した。遺体はだれかわからぬほどに腹部のあたりだけを残して白骨化していたという。

（この事件については、朝野富三氏『ゴー・ストップ事件』（三一書房）という労作がある。大いに参考にさせてもらった）

阿部定事件の大笑い

鬱陶しい時代

昭和十一年の二・二六事件のあと、戒厳令下の日本には鬱陶しい時代が訪れていた。五月にはじまった広田弘毅内閣の特別国会もさっぱり気勢があがらなかった。議事堂をとりまく四方の角かどには警官が立ち、通行人を厳重に取り調べ、かたわらに、着剣した銃をもつ兵士がいかめしく目を光らせた。提出された議案も総動員秘密保護法案、不穏文書臨時取締法案といった弾圧法ばかり。前年の天皇機関説問題いらいへっぴり腰となったマスコミは、これを黙って見守っていた。

この年からメーデーは禁止された。渡辺はま子の流行歌「忘れちゃいやヨ」の歌い方が官能的であると、当局から厳重なクレームがついてレコードは発売禁止。言論機関は頭にのしかかる暗雲に圧し潰されそうになりながら、毎日陰鬱な仕事をつづけた。

そんな暗いムードを打ち破るかのように、思いもかけぬ事件が起こった。五月十八日、荒川区尾久町の三業地内の待合「まさき」で、四十歳くらいの男がふとんの中で惨殺されているのが発見されたのである。死体は、細ヒモで首をしめられ、左太モモには血文字で定吉二人と書かれ、男の急所が斬りとられていた。阿部定事件といわれる猟奇的な犯罪である。

――と、いまさらのようにひろくご存じの事件を説明したのは、もうあれから八十年近くもたって、お定事件といったって知らない人がふえているからである。それにこの事件以上にエロチックな事件が戦後は頻発し、また超繁栄社会の裏の産物でSM趣味がさかんに流行しているなど、いまになればさほど奇ッ怪至極とも思えなくなった。事実、裁判長の判決文にあるように、この事件が社会的焦点となったのは「殺人行為そのものにあらずして、その死体損壊およびその後の行動の特異性」にあった。

もっと正確にいえば、事件およびその後の報道における、マスコミの鉦《かね》や太鼓を叩いての狂奔ぶりが、この事件を、戦前の昭和事件史を代表するものに仕立てあげた。戦後すぐに阿部定と会い対談した坂口安吾が、その点をするどく衝いている。

「まったくあれぐらい大紙面をつかってデカデカと煽情的《せんじょう》に書きたてられた事件は、私の知る限り他になかったが、それは世相に対するジャーナリストの皮肉であり、また読者たちもアンタンたる世相に一抹の涼気、ハケ口を喜んだ傾向のもので、内心お定さんの罪を憎んだものなど殆どなかったろう。……まったく当時は、お定さんの事件でもなければやりきれないような、圧しつぶされたファッショ入門時代であった。お定さんも亦《また》、ファッショ時代のおかげで、反動的に煽情的に騒ぎたてられすぎたギセイ者であったかも知れない」

昂奮したマスコミ

歴史探偵としては、さっそく安吾さんの尻うまに乗って、たとえば高級を誇る朝日新聞の縮刷版を、パラパラとやってみることになる。第一報は十九日の朝刊からで、社会面トップ五段抜きの大見出し（原文は旧漢字）。

「尾久紅灯街に怪奇殺人、旧主人の惨死体に血字を切刻んで、美人女中姿を消す、待合に流連《いつづけ》の果て」（註・流連とは泊まりつづけの意）

その日の夕刊——トップ記事、四段抜き。

「巧みに捜査網潜る、変化《へんげ》の殺人美女、古着屋で着替へして逃亡、全署員総動員の追跡」

二十日朝刊——トップ記事、四段抜き、足どりの地図入り。

「いづこに彷徨《さまよ》ふ？　妖婦〝血文字の定〟、情報刻々到り検察陣緊張、紅灯花街の猟奇殺人、巧みに捜査網を潜る」

同じく夕刊——四段抜き。

「街上、美人連すくむ、女怪を探す血眼、昂奮する猟奇の巷」

「それ銀座だ！　の噂立てば、通行止めの大騒ぎ」

そして二十一日の朝刊は、またしてもトップ五段抜きである。

「妖婦お定遂に就縛、品川駅前の旅館に、高飛びもせず潜伏、猟奇殺人女主人公」

しかも四段ぶっ通しぬきのお定の写真入り、全面関係記事でいっぱい、という猛ハッスルの充実ぶり。まったくの話、安吾さんの書くように「煽情的に騒ぎたて」ているが、これは朝日ばかりでなく他紙もおんなじ。二・二六以後、なんとも重苦しい笑いのない、報道するにも張りのない毎日であったから、そんな時勢に面当《つら》てせんばかりに、各社がニュースの猟奇性とエロチックを競い合ったことが、よくよく察せられる。

当時朝日新聞の政治部長であった細川隆元氏からそのときの回想を聞いたことがあった。

「そりゃもう国会のほうは、法案の反対論なんか真正面からいえなかったからな、こっちのほうは言論不自由の埒外《らちがい》だとばかりに、ノビノビと書いたもんだよ。……あんなけばけばしい編集をしたのは、朝日新聞はじまっていらいのことかな。でも、ほかの新聞とくらべたらまだましだったかもしれない。いちばん問題となったのは、切り取られた例のものさ、男のあれよ。これをどう表現するか。局部とか急所とか書くべきという論と、直接表現を避けたほうがよいという論とがあって、大論戦となったが、こっちは慎重論が勝って、〝下腹部〟という新語がうまれたんだよな。ハハハハ……」

なるほど、朝日新聞には、下腹部とある。ちなみに毎日新聞はいかならん、と閲《けみ》したら、こっちは局所とある。毎日のほうでもこの表現をいかにすべきかに頭をかかえたらしく、編集局内に懸賞募集が貼りだされ、局部と急所の間をゆくような局所が採用されたものという。

やるせなさのハケロ

こんなふうにジャーナリズムが知恵とエネルギーをふりしぼって、連日のように数段抜きの大きな活字で報じたから、お定さんが国民的人気者となったのは、きわめて当然。いってみれば〝軍国主義入門時代《ファッショ》〟の庶民たちのかっこうの息抜きとなった。ある新聞は彼女のことを「世直し大明神」とよんだりさえした。

こうしてマスコミのなだれ現象によるお定狂騒曲がはじまったから、待合「まさき」と、お定が捕まった旅館「品川館」は大繁盛。「まさき」は事件のあった部屋に二人の写真を大きく飾り、二人が使ったドテラや、読んでいた「主婦之友」までを展示した。「品川館」では、お定の潜んでいた部屋を逮捕時のままに保存し、油で黒ずんだ枕やしわくちゃの敷布を前に、宿の主人が熱弁をふるってその夜のお定を再現した。また、逮捕前日にお定の体をもんだマッサージ師は、新聞社や雑誌社の取材謝礼でマイホームを新築したという。

さらに、間もなくお定の公判が鳴りもの入りでひらかれ、話題はつづいた。しかも予審判事の取り調べの「予審調書」と、医者の「鑑定書」がどこからか洩れ、そのコピーが世間の一部に流布された。それはさながらエロ文学のごとくにひそかに読みつがれた。いっしょに、川柳や落首、小ばなしがつぎつぎに作られ、日本全国はまたたく間に苦笑と哄笑とにつつみこまれた。

＊現代のサロメ小さな首を切り

＊それとばかり刑事せがれに鉄兜

＊「お定は逃げるとき何をもっていたか？　胸に一物《いちもつ》、手に荷物」

＊二・二六事件を聞いて天皇よろめき給い、侍従色を失ってこれを支う。天皇のたまわく「朕は重心（重臣）を失えり」

すなわち、いいたいこともいえなくなりはじめた時代を前に、国民のやるせない気持ちのハケ口が、この馬鹿馬鹿しい笑いとなって現れたのである。将来の不安といまの馬鹿馬鹿しさとは紙一重なのである。議会ではそのとき、斎藤隆夫が必死になって訴えていた。

「今日、国民の口にだして言う自由は奪われている。しかし国民の忍耐力にはかぎりがある。私は国民の忍耐力の尽きはてる時が来《きた》らないことを衷心《ちゅうしん》より希望する」

言論の自由もなく、だから、お定事件を国民はただゲラゲラ笑って楽しんだ。二・二六事件以後の政治情勢は、もうそれほど暗澹《あんたん》たるものであった。そして国民の忍耐はやがて「鬼畜米英討つべし」の熱狂に姿をかえて、国家滅亡へ大いに手を貸すようになっていく。

〈付記〉

参考のために、「阿部定予審調書」のごく一部をご紹介しておこう。

「……出来れば公判とか裁判とか大勢の所で色色の事を聞かれるより、御役所で然る可《べ》く相談して刑を定めて下さい。不服等は云わず心よくその刑を受けるつもりです。そういう意味で弁護士は要らない様に思うのですが、ただ世間から私を色気違いの様に誤解されるので……最後はこの点について申述べさして頂きたいのですが、私が変態性欲者であるかどうかは私の今迄の事を調べて貰えば、よく判ると思います。

……女として好きな男のものを好くのは当り前です。私の事は世間に判ったから、おかしくさわがれるのですが、女が男のものを酷《ひど》く好く様子をするのは世間にざらにあると思います。早い話が女がお刺身を好かなくとも亭主が好けば自然と好くようになり、亭主の留守に枕を抱えて寝たりする事はよくある事と思います。自分の好きな男の丹前の臭をかいで気持を悪くする様な女がありましょうか。好きな男が飲み物を残した湯呑の湯を呑んでもお美味しいし、好きな男が噛んだものを口移しにして喰べてもお美味しがる事もよく世間にあります。

芸者を落籍するのも結局自分の独占にしようとするからで、男に惚《ほ》れた余り私がやった程度の事を思う女は、世間にあるに違いないのですが、ただしないだけのものだと思います。尤《もっと》も女だって色色あり、変愛本位では御飯が食べられないと思って、物質本位の人もありますが、恋愛のためやむにやまれず今度の私のした様な事件になるのも、色気違いばかりではありません」（第六回訊問より）

娼婦のようにではなく〝女〟として扱われたという喜びを正面に立てて、お定は淡々と、平静に、ひたむきに語っている。しかし閉塞した時代はただグロテスクな事件としか受けとることができなかったのである。

第八章　原爆と敗戦下

日本が標的になった理由

いつどこで原爆を使用するか

あえてPRさせてもらうが、うんと若い頃にまとめた『原爆の落ちた日』が、一九九四年の夏、PHP研究所より文庫となり、『原爆が落とされた日』と改題され、刊行された。終戦五十年を前にしての、これも多くあるなかのひとつの企画、ということになろう。タイトルも、改題されてごく当たり前のいい方になったけれど、原題には、二十世紀の怪物ともいえる原爆が人間の手によって製造されると、ひとり歩きしはじめ、その人間どもの愚かさをあざ笑うように落ちた、という意をふくませてあった。

ひとり歩き、と書いたが、もちろん、生命のない爆弾が勝手に動きだすわけはない。さまざまな人間の判断があり、意思決定があり、実行があり、おかれた政治的状況があった。その研究開始から製造へ、いよいよ夢の兵器の実現可能となって目標設定、攻撃準備、それにつづいて原爆使用決定へ、そして最後の投下命令から攻撃機発進へと、人類最初の爆弾がヒロシマへ投ぜられるまでには、さまざまな隠された経緯があった。そのことを主題に、わたくしは克明に真実を追ったのであるが、なにしろはるか昔のこと、いくらかは情報としては古くなったところもあるかもしれない。

しかし、根本的に、原爆がいかにして造られたか、また、原爆はなぜ落とされたのか、というテーマを究明することで、人間の愚劣さをあばき、戦争の酷薄さを告発する、という役割は十分にはたしていると考えている。これは自己満足ではなく、久しぶりに読み返してみて、ほんとうにそう思っている。

それにしても、原爆投下の決定という神をも恐れぬことを、戦時下とはいえ、よくぞ人間がなし得たものと思う。戦争という〝熱狂〟がそんな残酷非情のことを人間にやらせたと思うほかはない。

とはいっても、原爆投下の最終命令を下したトルーマン大統領は、その決定の責任をかならずしも回避しようとはせず、きわめて冷静な判断としている。かれは回顧録にこう記している。

「いつどこで原子爆弾を使用するかの最終決定は私がくだすべきことであった。この点に間違いがあってはならない。私は原子爆弾を軍事兵器とみなし、これを使用すべきであることに一度もなんらの疑念もいだかなかった。大統領付きの最高軍事顧問たちはその使用を勧告し、また私がチャーチルと話し合った時、彼はためらうことなく私に向かって、戦争終結のために役立つかもしれないなら、原子爆弾の使用に賛成すると語った」

ここにでてくるチャーチル英首相と「話し合った時」のことであるが、それは昭和二十年七月のポツダムにおける会談のことと考えられる。しかしチャーチルは『第二次世界大戦回想録』で、やや違ったことをいっている。ポツダムで「原子爆弾を使用すべきかどうか、その時に話し合ったことはない」と追想し、さらにこう記す。

「日本に降伏を強いるため原子爆弾を使用するか否かの決定は、一度も問題とならなかったのであり、この歴史的事実は厳として存在しており、後世この事実は正しく判断されなければならない」

チャーチルは果たして責任を回避しようとしたのであろうか。

では、大統領付きの軍事顧問たちはどうかである。たとえば第一の顧問ともいうべきスチムソン陸軍長官は、終生国際法を守るべきであると説いた人物であった。戦争そのものを人道の範囲内でおさえなければならない、とかれはくり返し論じた。その人が、である。のちに「苦しい、心の張り裂けるような」と形容した原爆投下決定を、トルーマンへの勧告で明瞭に、かつ積極的にやっているのである。

スチムソンはまだ正直なほうであったのかもしれない。ほかの顧問たちも、同じような苦しみを味わったことであろう、が、だれもくわしくは述べようともしなかった。そして確実にいえることは、当時のリーダーたちがベルトコンベヤーに乗せられたように、異議をとなえることなく、動かされていったのである。チャーチルは、爆弾を使用すべきか否かにかんし論じあったことなどない、と回想したが、いっぽうで、同じポツダムで思ったことをこうも書いている。

「われわれのテーブルでは皆の意見が自動的に疑問の余地なく一致していた。そうすべきでないという意見はかけらほどもでなかったのである」

そしてチャーチルはまた、これはトルーマンではなくルーズベルト大統領と、昭和十九年九月十九日の会談で、つぎの合意をすでにしていたのである。これをハイドパーク協定という。

「……爆弾がついに完成したあかつきには、慎重な考慮を払ったのちに日本人に対し、使用されることがありうべく、降伏までこの爆撃をくり返すと警告すべきである」

目標は一貫して日本

わたくしは自分の本では、日本が標的になった最初を、この昭和十九年の九月のこととした。ところがその後の一九八五年九月に刊行されたA・マキジャニ&J・ケリー『Why Japan? 原爆投下のシナリオ』(教育社)によると、具体的な目標選定の公式協議がはじめてひらかれた昭和十八年五月五日には、もう視線が日本のほうに向けられていた、という。すなわち、軍事政策委員会は、

「トラック島に集結中の日本艦隊がもっともよい目標と結論を下した」

のであり、その理由は、原爆が不発であった場合、日本人はドイツ人ほど不発弾から秘密を発見することはあるまい、と判断したからであったという。

もちろん、当時の日本の技術がえらく見くびられていたことだけが、目標設定の理由とはならない。その後、兵器としての原爆製造の確実性がますにつれて、より具体的な目標選びが組織的にすすめられてくると、たちまちに軍艦のような軍事目標ではなく、日本の都市とその住民が目標となったからである。

これまで原爆投下問題にかんしてよくいわれていた説は、原爆が完成する前に対ドイツ戦が終わる、とはっきりしたのちになって、それならばということで、かわりに日本が標的になった、というものであった。しかし、昭和十八年（一九四三）五月という時点では、ヨーロッパの戦いがいつ終わるか、まだだれにも確実に予想することなどできないときであった。

原爆製造計画（マンハッタン計画）の総指揮官レスリー・R・グローブス少将の、スチムソン陸軍長官あての手紙の一節が非常に興味深い。

「目標は一貫して日本なのである」

昭和二十年（一九四五）四月二十三日付のもの。つまりドイツが目標とされたことは一度もなかったのである。これが事実なのである。

そして当のスチムソンは戦後の回顧録にこう書いている。

「一九四一年から四五年まで、大統領その他政府の責任ある高官が、原子力を戦争に使うべきでないと示唆するのを聞いたことは一度もない」

戦争という〝熱狂〟が人間をかくも愚劣にして無責任へとかりたてるものなのか。いや、とてつもなく強力な兵器を、厖大な資金と労力をかけて造りあげたとき、それを使わないのはおかしい、と考えるのが人間というものなのか。でも、そんな狂愚のなかにあって冷静に考える人もいたのである。海軍次官ラルフ・バードは「日本は降伏の何らかの機会を求めているかもしれない」から、と警告なしに原爆を使うことに、陸・海・国務の三省委員会で公式に猛反対した。

「私は本計画に関与するようになって以来、この爆弾を実際に日本に対して使う以前に、たとえばこれを使う二日前とか三日前に、日本に対して何らか事前の警告を与えるべきであるとの考えをいだいてきた。偉大な人道主義の国家としてのアメリカの立場、および国民のフェアプレーの態度が、こうした考え方をとる主たる動機になっている」

そして原爆投下が決定するに先だって七月一日、バードは抗議辞職した。こんな事実を知ったって、なんの慰めにもならない……。

エノラ・ゲイ機長の発言

「エノラ・ゲイ」展示への抗議

一九九四年秋から九五年にかけ戦後五十年を前にして、マスコミはそれぞれが記念企画をたてていた。わたくしのごときロートルのところにも、いくつかの相談がもちかけられてきた。もっとも、五十年も、いやそれ以上前の話となると、歴史好きのロートルに出番が回ってくるのは、あるいは自然というべきなのかもしれない。

アメリカでも第二次大戦終結五十周年記念として、さまざまな行事の準備がすすめられていたことが、日本の新聞などにも報ぜられた。そのなかのひとつで、産経新聞が伝えた記事で、思わずわが眼を見開いた話があった。米スミソニアン博物館がヒロシマ原爆投下機「エノラ・ゲイ」を展示公開しようとしたところ、当時の機長ポール・ティベッツ元准将ら関係者が公開に待ったをかけたというのである。

この飛行機は、当時テニアン島の米第五〇九爆撃隊に属していたボーイングB29の82号機が正式の名。広島への爆撃を翌日にひかえた昭和二十年八月五日、ティベッツが自分の母親の名をとってこの愛称のエノラ・ゲイがつけられた。全長二十九メートル。昭和二十四年に退役し、ずっとメリーランド州アンドルーズ空軍基地におかれていた。

それが久しぶりに完全復元されて脚光をあびる。アメリカ人のだれからも文句のつけようのない話と思われたのに、はたしてそんな簡単なものではなかったようなのである。

博物館側では、飛行機とともに、戦後に爆心地の調査にあたった「ＡＢＣＣ」(原爆傷害調査委員会)が撮影した廃墟のヒロシマや、焦熱のなかで死んだ十三万余の犠牲者などの記録写真も、いっしょに展示公開しようとしたという。恐らくは、それがいたくティベッツら関係者の神経にさわったにちがいない。オハイオ州コロンバスに住むティベッツは、博物館側にエノラ・ゲイの公開を再考するよう強く求めた。その言い分はこうである。

「エノラ・ゲイの展示によって得られるものは、自分たちの生命と文化を守ろうとして、非道な兵器の犠牲になった日本人への申しわけなさだけである。機体だけならともかく、原爆の威力を示す資料を一緒に公開するなどとは、非常識極まりない」

また、退役空軍関係者の団体「エア・フォース・アソシエーション」(空軍協会)のジョン・カレルという人も、反対を表明する。

「この展示は、当時の事情がどうだったか、という背景説明のないまま、米国は残虐な侵略者、また日本はその文化と生き方を守ろうとして非常な仕打ちをうけた犠牲者、そういう印象だけを多くの人びとに与えてしまう」

わたくしが産経新聞の記事を読んで、まずハハァーンと思えたことは、この野郎めという意からではなく、へぇー、ティベッツとその仲間たちよ、お前らもいくらか歴史的事実を知ってやっと反省するまでになったのか、というちょっとした驚きの念からであった。この五十年という長くもあり短くもある歳月は、広島・長崎への原爆投下を「やむを得なかった」ものとして受けいれていたほとんどのアメリカ人に、少なからざる反省、といわないまでも疑問、を抱かせたもののようである。そう思えたのである。

原爆投下の正当性

わたくしの手もとに、昭和二十九年八月刊の「アサヒ・グラフ」のコピーがある。あの日、エノラ・ゲイに搭乗し、広島へ原爆を落とした戦士たちは、九年後のこのころどう語っていたか。

それはほんとうに腰を抜かさざるをえない証言ばかりなのである。

機長ティベッツ大佐（当時）は「原爆投下になんの罪悪感ももっていない」といい、

「あれよりも千倍も恐ろしい水爆を落とす必要に迫られたとしても、なんら良心の呵責を感じないであろう」

といい切って、平然たるものであった。

ビーサー中尉は、広島へ落としたときは「まるでプールの底に棒を突っ込んで引っかき回しているような光景であった」と語り、そのため何万人の人びとを一

挙に殺戮《さつりく》したことにたいしては、

「まったく気にしていない。今でも任務でやったという感じしかもっていない。私にとっては命ぜられてやった仕事であるから。しかし、いま考えてみると、たとえ命ぜられなかったとしても、多分自分から求めてやったことであろう」

と、これまたあっさりとした感じで語っている。

ドゥゼンベリー軍曹は、当時のアメリカ軍将兵の気持ちを代表しているような発言を残している。

「いまでも後悔の気持ちはまったくもっていない。多くの非戦闘員を殺したが、私はこれからでも同じことをやってのけられる。というのも、なぜなら、日本本土への上陸作戦となったら、さらに何千人ものアメリカ兵が殺されるのだから、それよりもジャップを殺して終戦を早めたほうがよいと信じていたから」

〝原爆の投下は必要であったか〟、あるいはまた〝原爆投下は正しかったか〟という問いにたいして、アメリカ人はずっと右のドゥゼンベリーのように考えてきた。つまり原爆投下正当論の最大の根拠は、原爆投下によって日本の降伏が早まり、日本本土への上陸作戦をする必要がなくなった。そのため、その作戦を強行した場合の戦死者が死なずにすんだ、というものであった。しかも一般のアメリカ国民は、長いことその戦死者を「百万人」という数字で信じてきた。

この百万人が根拠のない架空のものであったことについては、今日では明らかにされている。それにしても、ドゥゼンベリー軍曹の証言の「何千人」は、昭和二十九年の当時の米軍将兵が教えられていた数字かと考えられ、いささかの思いがわいてくる。が、いまは略す。

そのほかの搭乗員の言葉の引用をつづける。

「戦争に人情などはありはしない。それは地獄そのものだ」「気の毒な奴《やっこ》さんたち、みな殺しだ」(カロン軍曹)

「自国の存続のためなら、ああした爆撃行に今日でも喜んで参加する」(スティボリック軍曹)

「あの物凄い原爆投下を少しも遺憾に思っていない」「道徳上の問題はわれわれの念頭に少しもなかった」(ネルソン上等兵)

驚くべきことに、そこには自分の国と自分の行為にたいする正当化しかなかった。

あれから五十年——産経新聞によればティベッツは七十九歳という。当時の搭乗員たちはそれよりずっと若いはずであるから、アメリカの各地でなお安らかな老後を送っているにちがいない。これらの、かつての発言をいまかれらに突きつけたら、ひとりひとりがどう反応するか、知りたいところであるが、貧しき歴史探偵にはその暇も資金もない。

殺すも殺されるも兵家の常とはいえ、原爆投下の正当性について疑問をいだきつづけてきたこっちとしては、数十万の精霊と、なお原爆症で痛ましい余生を強いられている人びとのことを思えば、エノラ・ゲイの搭乗員の発言はとてものこと腹立たしく、許せないでいた。そこへ、こんどのティベッツの発言である。「非道な兵器の犠牲になった日本人への申しわけなさ」に、やっとそう思う気持ちになったのか、とわたくしは一瞬は思ったのである。

でも、よくよく考えてみると、エノラ・ゲイを展示して得られるのは死んだ日本人への同情だけで、アメリカの原爆投下の正当性は失われる、とティベッツは主張しているのである。同時に、自分たちの行為にたいする正当性も。それゆえ、展示は「非常識極まりない」という。

ゆく川の流れは同じくして、水はもとの水にあらずという。歳月はごく自然にどんどん流れていったが、人間の信念はもとのまんま、まったく変化なし、ということなのか。なんとも情けない話である。そして怒りがわきあがる。

マッカーサーの東京見物

元帥の一日

戦後も遠くなりにけりで、マッカーサーの名もいつか忘れられる日がくるのかもしれない。戦後日本において、天皇にかわって〝現人神《あらひとがみ》〟になり、「人を寄せつけず、ほとんどその姿を見せないことによって、その声威を高めている……神様というものは、めったにその姿をお示しにならない」(ジョン・ガンサーの言葉)、そんな元帥に、近ごろ改めて興味津々たるものを感じる。カラオケにテレビに一億総出たがり時代にあって、わざとらしく神秘のヴェールの陰に身をおきつづけた面がかなりあったとしても、何となくこの人が好もしく思えだしたのには、いつかこの騒々しい時代をよそに、静閑と隠棲の生活を、という憧れがひそやかにわが心のうちにうまれきたっているためでもあろうか。

占領下には、まったく霞の奥にあった東京での「マッカーサーの二千日」は、戦後史に関心あるものにはあますところなく知られている。

そこで知っている向きには、二番煎じとなるのを承知で、マッカーサーの一日をくわしく書いてみる。宿舎の大使館で朝遅く目ざめると、かれはまず側近のウイロビー少将の〝情報報告《インテリジェント・レポート》〟を読む。そこから始まる。朝食をすませ十一時ちょっと前ころ、エドワーズ曹長が運転する車で日比谷の第一生命ビルに向かう。この車は、かつてマニラの砂糖王のものであった黒塗りの一九四一年型キャデラック。車の前部に最高司令官の旗をはためかせ、明るい青色の地に銀星五つが光る「1」のナンバープレートを前後につけていた。

虎ノ門から日比谷まで、車中の所要時間は五分と三十秒。大使館の門をでるや、日本の警官がすぐつぎの警官に合図。合図は自動車が進むにつれて、つぎかつぎへリレーされ、この間信号はどんどん青にされ、ほかの交通は完全にとめられる。その道すじは一度たりとも変更になったことがない。雨の日も風の日も。当然のことに、暗殺者にとっては格好の標的になる。しかもキャデラックはのろのろと進んだ。

側近のある大佐がいった。

「かれは遊園地の射的のアヒルよりもゆっくり動く標的だ」

別の大佐がそれに付言した。

「それもいまは電池がなくなりかけて、動いていないアヒル同然になっている」

しかし、側近たちの憂慮をよそに、マッカーサーはいった。

「東洋では、恐れを見せないものが主人なのである。私は日本人が私を守ってくれるものと信じている」

総司令部（GHQ）につくと六階の執務室にのぼる。机の上に、副官バンカー大佐のメモがのっている。予定訪問者のリスト、それと前日の面会申込者のリスト。最高司令官に会うためにはGHQの高官であろうと（側近のホイットニー少将をのぞいて）すべて会見願を提出し、約束をいただいておかねばならない。

いよいよ十二時ごろから、訪問者に会う。テキパキと用件をすませる。しかし、かれは女性の訪問者をあまり好まず、とくに女性と一対一では決して面会しようとはしなかった。かれはときに歩きまわりながら熱弁をふるうことがあったが、いつも訪問者の知能程度を見定め、訪問者を「共鳴板のように」使って、相手の話を聞きながら「考え抜く」ことを好んだ。といって、論議となれば、マッカーサーと知的な会話で太刀打ちできる人物は少なかった。そしてかれはいったん執務室に入ると決して電話を使わなかった。

午後一時半ごろから遅くとも二時ごろまで執務室にあって、それから帰宅するまで夫人が温かくしておく昼食をとりに、大使館に戻る。客をもてなす必要があるときは、きまって昼食会を拡大してここに招いた。公式の夕食会などの夜の行事はすべてなし。日本式の夜の宴会などもってのほかであった。

この公式の昼食会も判で押したように画一化されたものであったという。大使館の応接間に客が全員そろうと、やがて元師がお出ましになる。客人に目もくれず夫人のところへまっすぐに行くと、「ハロー、マイ・ディア」、夫人は「おお、ジェネラル」といい合って接吻する。それからはじめて、客人のほうに向き直って「ヤア」と一人ひとり握手と挨拶をかわして歓迎するのである。ひと通りの挨

拶が終わると、

「皆さんは、さぞかし空腹にちがいない」

と客は食堂へたちまち案内される。食前酒などはまったくない、のである。ただちにスピーディな食事が供される。

こうした昼の宴会（?）があろうがなかろうが、手早く昼食が終わるとただちに昼寝。英首相チャーチル同様に、マニラ時代このかた、短時間の昼寝はマッカーサーにとって欠かすことのできない日課であった。

夕方の四時半ごろにふたたびキャデラックの人となり、第一生命ビルに出勤し、一人か二人の訪問客と会い、また細かな指示を部下にしたりして、東京に夜の帳《とばり》がおりるまで執務する。大使館に戻るのは午後八時すぎになった。

かれには日曜も祭日もなかった。クリスマスはおろか、私的な誕生日の祝いもなかった。なにか特別のことがあれば、執務時間が一時間ほど短くなるくらいで、休むことは一日たりともない。

夜は食事を終えてから映画を楽しむ。日曜日以外は毎晩で、西部劇、コメディ、ミュージカルが好みで、とくにビング・クロスビーがお気に入りであった。

そのあと眠る前に歴史書を読んだ。政治書や文学書にはほとんど興味をもたなかった。

要するに、かれの一日は、ムダのないきびきびした野戦型司令官のそれを東京にそのままもちこんだのである。しかも、最前線まで出かけていくのを好み、やたらに動きまわったこの人が、東京では五分三十秒の往復以外は外にでることもなく、狭い部屋に閉じこもった。〝神〟として君臨するために、マッカーサーはそれが必要であるから、すべての欲望を抑えて厳守したのであった。

マッカーサーが大将軍として君臨していた二千日の間に、東京を離れたのは、マニラとソウルでの独立宣言式典に出席したときの二回だけである。それもその日の夜には東京に戻ってきていた。あとは日常を一日として変えることがなかった。ときにスケジュールを乱されるのは、ワシントンの政府高官や来賓を羽田空港に送迎するときだけ。

二千日の間に、日本国内の旅行など一回もしていない。日本政府がかれのために用意した特別車両など使うこともなかった。京都も奈良も、箱根も日光も鎌倉も、かれにあっては無いにひとしかった。眼に入る日本の、いや東京の風景は、

「並木にふちどられた大使館の道、大倉集古館の赤い土塀、草野球をやっている空き地、満鉄アパート、コンクリートの大蔵省ビル、焼夷弾に焼き払われた海軍省の建物、皇居の桜田門、それと皇居のお堀ぐらい」（W・マンチェスターの著より）のものであったのである。ときには羽田までの焼け跡、バラック……。

最高司令官のこの頑固な日常にはGHQの部下たちが音をあげた。これではみんな「死んでしまう」と訴える側近に、マッカーサーの返事は断固たるものであった。

「人間と生まれて、自分に与えられた仕事をしながら死ねるとは、これほどの幸せがあるだろうか」

四十分間の東京見物

さて、いかがなものか。これが軍人にして政治家マッカーサーという人物であったのである。しかし、そうとわかったのは時がたってからの話。昭和二十年八月三十日、厚木飛行場に第一歩をしるすし、横浜の宿舎に入り、じっと遠くから東京の空を見すえたときのかれは、日本のリーダーたちにとって不気味としかいいようのない存在であった。

この男の口から、天皇制廃止の動きが打ちだされるのではないか、戦争責任問題から天皇退位がいいだされるのではないか……政府も宮中グループも息づまる思いで、この男の出方を見守っていた。

天皇とその側近、そして日本政府が、はじめて占領軍総司令官マッカーサーの人間性の一端にふれたのは、それから三日後の九月二日のことである。東京湾に錨泊する戦艦ミズーリ号上での降伏の調印式で、かれは「神と良心」とに導かれた有名な演説をした。

「過去の出血と殺戮のなかから……より良き世界が、自由と寛容と正義のために生まれ出でんことを……」「正義と忍耐をもって私の責務を遂行することが、私の堅い決意である」

このとき、居ならぶ降伏調印の日本側全権団は、思いもかけぬ勝者の言葉に感動したという。いかなる屈辱的刑罰でも日本人に科すことができるのに、かれは切々として自由と寛容と正義を訴えかけた。少なくとも占領軍総司令官が猛々しいだけの、識見も器量もない、単なる軍人ではない、という強い印象をだれもが抱くことができたのである。

ところがさらに数日後——興味深い報告が内閣書記官長緒方竹虎にもたらされてきた。九月八日、マッカーサーは宿舎である横浜を発して、この日はじめて東京へ足を踏みいれた。そしてアメリカ大使館に星条旗をかかげ、東京進駐式を正式に行った。興味深い一幕はそのあとにおこったのである。昼食を帝国ホテルでとることになっていたマッカーサーが、昼食までわずかながら四十分の時間があるからと、ホテルの犬丸徹三社長をよび、参謀長のサザーランド中将と二人だけの〝東京見物〟の案内を命じた、という。

この報は、緒方をはじめ、政府や宮中グループをびっくりさせた。とともに、この四十分間の極秘な私的な行動はマッカーサーその人を知るためには絶好で、実に注目せざるをえない話題になった。マッカーサーの関心がどこにあるのか。わずかな時間であるだけに、いっそう明確になろうというものではないか。

電話での犬丸の報告は詳細をきわめたという。緒方の胸は大いにはずんだ。「帝国ホテルを出て右へ、まず日比谷の交差点をこえる」。「ウム、ウム」……右にみえる第一生命ビルを指し、「これは東京に残っている建物のなかでは、いちばん立派なものだ」という犬丸の説明に、マッカーサーは「ああ、そうかい」とうなずく。左うしろの焼けた警視庁は無視、帝国劇場も無視。

日本銀行を中心とする金融街では、マッカーサーは「いやに銀行が多いじゃないか」の一言。三越前を通って、銀座通りを犬丸はお茶の水に向かう。ビジネス・センター、ショッピング・センターが終わったから、つぎはエデュケーション・センターの東京大学へ。赤門から東大構内へ入ったものの、犬丸は一橋大出身ゆえなんにも説明できぬ。マッカーサーもそれを察してか、質問もほとんどなし。大学病院前から鉄門を出て表通りを春日町のほうへ下りる。

後楽園球場で、元師は質問する。

「何人はいるか」

これに犬丸は「十万人」と思わずいってしまった。するとマッカーサーとサザーランドが私語しはじめた。「どこそこの球場は四万五千だ」「どこそこは五万人だ」「十万人とは何とすごいじゃないか」と。でまかせをいった犬丸は、背中にびっしょり汗をかきながら、総司令官のヤンキーぶりを眺める思いであった。

「それから神田の古本屋街へ、そして宮城前へと行ったんです」と犬丸の報告はつづく。いよいよ肝心のところである。

「左に楠木正成の銅像がある。そう説明しようかと思いながらトボケていたら、アチラさんもまったく知らん顔でした。そのまま通りすぎ、宮城のお堀にそって祝田橋から三宅坂。参謀本部の焼け跡前へでたが、ここでも知らん顔。ここらでなにか一言と思って、お堀に鴨が日なたぼっこをしていたので『こういう静かな景色を、日本人は大変に愛している』とやったら、『いや、日本人ばかりじゃない。われわれもこうした平和がいちばん好きなのだ』と一言。そして興味深そうに宮城の森とお堀を眺めていましたな」

そしてこのあと、永田町から霞ヶ関の官庁街をへて帝国ホテルへ。マッカーサーは「サンキュー」の一言を残して、ロビーを上がっていったという。

しかし、犬丸の説明をまつまでもなく、マッカーサーは戦前に二度の来日があり、東京についてかなりくわしい知識をもっていたのである。丸善のことも知っており、「あれは焼けた」の説明に眉を曇らせ、山県有朋《ありとも》の銅像の前を通ったとき、「あれが歩兵操典の山県だろう」と問うている。

旧ドイツ大使館（現国会図書館）の赤レンガの建物が、きれいに焼け落ちているのをみたとき、「ファイン・ジョッブ」（うまくやった）と、爆撃の正確さを喜んだりしているのである。

「それで、結論として、マッカーサーとはどんな男、という印象をうけたか」

と受話器の向こう側でたずねた緒方書記官長に、犬丸社長はあっさりと答えた。

「簡単にいうと、私のうけた印象では、マッカーサーは単なる兵隊じゃあない。あれは政治家ですよ。しかもすぐれて紳士的な……」

長年ホテル経営の責任者として、人を見る眼では卓越している男の言である。しかもその男が、私的な接触をして、軍人というより政治家である、とはっきり指摘する。ということは、圧制者としてではなく、話し合いの、あるいは辞を低うしての頼みごとの、かなり可能な余地を残している人物として、マッカーサーに大いに期待をかけてもいいということなのであろうか。犬丸の話は、こうして政府や宮中グループが愁眉《しゆうび》をひらくよき報告となったのである。

以上がマッカーサーの東京見物の四十分間。くり返すが、あとにもさきにもマッカーサーが東京の町を見て歩いた記録というのは、まったくない。ほんとうにただのこれ一回なのである。見るかぎりの焼野原、ところどころに建つ焼けトタンのバラック、惨状はいやでも眼に入ったが、マッカーサーは何も言わなかった、と犬丸はいう。犬丸もまたあえて触れなかったが、マッカーサーの柔軟な頭脳とごく人間的な温かい心とは、自然に感じられてきたという。

日本政府と宮中グループが別々に天皇とマッカーサーとの会見を考えだすのは、実はこのすぐあとからであった。しかも会見は天皇のほうからマッカーサー訪問という形で。

東京見物にさいして、マッカーサーは宮城を眺めながら一言の感想もなく、むしろそれをあえて見まいとしていたという犬丸の観察は、考えようによっては胸につかえる気がかりを重いものにする。しかし、またその半面、森やお堀を眺めながら平和を口にする。それはもっとも強く宮城内部を意識するがゆえ、ととれなくもない。こちらからはいいださない。動くのは平和をのぞんだ天皇のほうから、というマッカーサーの無言の示唆というものではないか。

九月十五日、GHQは第一生命ビルに居を構え、本格的な占領行政がはじまった。マッカーサーはたった四十分間の東京見物以後、東京そのものをもはや一顧だにすることなく、アメリカ大使館から第一生命ビルの往復を、ハンで捺したような日常とした。

堀をへだてて宮城の前にひるがえる星条旗を、日本の指導者は複雑な気持ちで眺めながら、こうしてひとつの決意を固めていった。

ポツダム宣言で、天皇の統治権は占領軍の最高司令官の権力の制限下に《サブジェクト・トウ》おかれると規定されている、ならば、天皇がまず最高司令官を訪問するのが礼儀というものであろう。政府も宮中グループも期せずして、同じような考え方にたどりついていった。マッカーサーはそれを待っているのにちがいない、と。

あとがき

本書は、一九九三年六月より九五年六月までの二年間、「歴史探偵 日本近代史をゆく」のタイトルで月刊誌「ＫＯＲＯＮ」（公論）に連載した全三十五話のうちから二十五話をえらびだし、編集し直したものである。

細川護熙内閣ができたとき近衛文麿の話を、永野茂門法相の発言問題がおきたときパネー号事件を、というふうにいくらかの時評の趣《おもむ》きをそえて、ごく気ままに筆をとった。とくに「歴史に学ぶ」ことを意識したわけではなかった。それをこのように意味をもたせて八章にわけ再編集したのは、ＰＨＰ研究所の大久保龍也君である。

本書が日本近代史理解のために少しでも役立ち歴史の教訓になるところがあれば、すべて彼の功績である。大久保君の懇請と努力かたじけなく、併せて、版行の仁恵にあずかったことを篤《あつ》くお礼を申しあげたい。

歴史探偵を自称してからもう何年になるであろうか。本業の雑誌編集者をやりながら、昭和史や、太平洋戦争にかんする本を書いてきた。いちばんよく読まれた『日本のいちばん長い日』（文藝春秋刊）を書き下ろしたのが三十一年前であるから、それくらい長く歴史探偵を気どっていたことになろうか。

いまは違う。四十年以上もやってきた月給とりを辞めて、筆一本で生活を支えることになった。むしろちょっとした自負を持って天下独往の歴史探偵を名乗っている。学者や研究者を縛っている厳密な実証や考証や師弟関係という枠を超えて、探偵の本務たる小まめにして慎重な探索と、特権たる大胆な推理とを駆使して、どしどし楽しい歴史探偵の報告書をだそうと考えている。自由にして大胆な推理と新発見という点では、編集者をやって四十年伊達《だて》に鍛えたわけではなく、腕にかなりの覚えのあるつもりである。

それにつけて想いだされることがある。昭和三十二年の『昭和史』論争がはげしく総合雑誌で展開されていたころ、担当者としてわたくしは亀井勝一郎氏を何度か訪問して、そのナマの声を聞いた。岩波新書の『昭和史』の見落としたもの、無視したところを語りながら、亀井さんがこんなことを言ったのを覚えている。

「歴史にはいりこむということはネ、イデオロギー的にきちッとでき上ったものを扱うことではなく、人間や事件の混沌と翻弄の関係にはいる、ということと同じなんだ。もっといえば、自分がとっ組んだ死んだ人間の身になって、その声を代弁してその魂をよみがえらせるのが、歴史家の使命だと思う」

近ごろは読む人も少なくなったし、とかくに悪評を聞くことも多い今は亡き亀井さんではあるが、こう語ったときの面持ちだけはキリリとして男らしかったことを、なつかしく想いだせる。

本書が、その言のように死者の魂をよみがえらせることができた、と誇りたいために引いたのではない。それに遠きこと幾里程か、と存じているが、覚悟だけは右のとおりといいたいまでである。ただし原題の「近代史をゆく」と銘打つためには、明治・大正の話が手薄でありすぎる。愉しんで書いたものゆえに、本書のタイトルを『歴史探偵の愉しみ』といささか軽いものに変えた。

一九九六年七月

半藤　一利

著者紹介
半藤一利（はんどう　かずとし）
作家、歴史探偵を自称。
1930年生まれ。1953年東京大学文学部卒業。同年㈱文藝春秋入社。「週刊文春」「文藝春秋」各編集長、出版局長、専務取締役などを歴任、1994年に退社。
主な著書に『日露戦争史』（平凡社）、『聯合艦隊司令長官山本五十六』『あの戦争と日本人』（以上、文藝春秋）、『漱石・明治日本の青春』（新講社）、『日本型リーダーはなぜ失敗するのか』（文春新書）、『幕末史』（新潮文庫）、『ぶらり日本史散策』（文春文庫）、『荷風さんの昭和』（ちくま文庫）、『戦わざる提督米内光政』（新人物文庫）、『歴史探偵 昭和史をゆく』（ＰＨＰ文庫）など多数。

この作品は、1996年9月にPHP研究所より刊行された『歴史探偵の愉しみ』を改題し、加筆・修正したものである。

ＰＨＰ文庫　歴史探偵 近代史をゆく

2013年3月18日　第1版第1刷

著　者　半藤一利
発行者　小林成彦
発行所　株式会社ＰＨＰ研究所
東京本部　〒102-8331　千代田区一番町21
文庫出版部　☎03-3239-6259（編集）
普及一部　☎03-3239-6233（販売）
京都本部　〒601-8411　京都市南区西九条北ノ内町11

PHP INTERFACE　http://www.php.co.jp/

組　版　有限会社エヴリ・シンク
印刷所
製本所　凸版印刷株式会社

ISBN978-4-569-67948-8

PHP文庫好評既刊

歴史探偵 昭和史をゆく

半藤一利 著

歴史年表の行間に潜む新事実、珍事実をちょっと渋くて少々ユーモラスな歴史探偵が徹底捜査。短編推理仕立てで激動の昭和史の謎をとく。

定価六五〇円
（本体六一九円）
税五％